Michel Meinhardt erlitt in den letzten 20 Jahren mehrere Hörstürze und Burnouts, bedingt durch Stress, und wurde im letzten Jahr plötzlich nahezu taub. Er weiß, was es bedeutet, wenn die Ohren plötzlich dicht machen und nichts mehr *hören wollen*.

Als beruflich erfolgreiches Vorstandsmitglied eines französischen Konzerns war der Autor weltweit unterwegs, trug viel Verantwortung und stand permanent unter Druck. Stress war sein persönlicher Begleiter. Doch eigentlich begann dieser Druck schon in der Kindheit und wuchs später als Heranwachsender bedingt durch seine heimischen Lebensumstände. Sein bewegtes Leben schildert er nun in seinem autobiografischen Werk und teilt seine Erfahrungen mit den Lesern.

Michel Meinhardt ist es wichtig, durch seine teilweise witzig geschriebenen Anekdoten dem Leser ein Lächeln ins Gesicht zu zaubern, wobei nicht zuletzt ein Wiedererkennen, eine Identifikation erzielt werden soll.

Vielleicht gelingt es am Ende auch Ihnen, den Stress in Ihrem Alltag zu verringern?

Michel Meinhardt

Hör auf dein Herz

oder: Der Tag, an dem meine Ohren dicht machten

© 2019 Meinhardt, Michel

Umschlag, Illustration: Meinhardt, Michel
Lektorat, Korrektorat: Keller, Maren

Verlag & Druck: tredition GmbH, Halenreie 40-44, 22359 Hamburg

ISBN
Paperback 978-3-7497-8651-0
Hardcover 978-3-7497-8652-7
e-Book   978-3-7497-8653-4

Bibliografische Information der Deutschen Nationalbibliothek: Die Deutsche Nationalbibliothek verzeichnet diese Publikation in der Deutschen Nationalbibliografie; detaillierte bibliografische Daten sind im Internet über http://dnb.d-nb.de abrufbar.

Inhaltsverzeichnis

Vorwort..7

1   Kindheit mit Angst 11

2   Der Nikolaus – oder: Wer ist das?................. 16

3   Sport ist Mord ... oder doch lieber Theaterspielen? . 23

4   Der geklaute Käfer.. 28

5   Ausbildung mit Hindernissen..................... 34

6   Bruch und Scherben – sprichwörtlich!........ 37

7   Klopapier braucht das Land......................... 43

8   Farbe bekennen und dem Herzen folgen.... 48

9   Ich bau ein Haus und pflanz einen Baum!.... 53

10   Zur Yacht gekommen wie die Jungfrau zum Kind .. 61

11   Das Ding mit dem fehlenden Wasser 66

12   Mein Urlaub an der Adria – oder: Der verlorene Backenzahn.. 69

13   Hops und Tops.. 73

14   Vergeude niemals deine Lebenszeit............. 77

15   Vertrauen ist gut – Enttäuschung oft das Ergebnis .. 85

16   Kennenlernen mit Hindernissen 93

17   Ablenkungsstrategie wird wiederbelebt...... 99

18   Neues Image.. 104

19   Herr Direktor Kaufmann wird zum Freund 110

20   Max – der junge Mann im Unfallauto. Ich
     erkenne, dass es Engel gibt 120

21   Meine Indien-Erfahrung – Begegnung mit Anil
     in Kalkutta 125

22   Ich lade mir heut Gäste ein 135

23   Hilfe ich ersticke – Kopf im Schnee 142

24   Ben sagt *Tschüss* 149

25   Neuorientierung? 152

26   Eine weiche Seite in mir wird wiederbelebt 156

27   Meine Autounfälle waren spektakulär.....................162

28   Vaters Sturz 171

29   Er kämpft wie ein Löwe, aber Gott entscheidet......176

30   Ein Schlag auf den Kopf 186

31   Volle Breitseite 189

32   Franz wird mir wichtig...195

33   Ändere dein Leben in Liebe und Entspanntheit,
     wenn du es kannst! 202

Nachwort 204

Bildnachweis 206

Vorwort

Ich schreibe dieses Buch, weil es mir wichtig ist, meine gemachten Lebenserfahrungen, die Essenz meines Lebens, all das, was ich mittlerweile als lebenswichtig betrachte, weiterzugeben. Meine Hoffnung besteht darin, Menschen zu helfen, die tagtäglich unter dem Einfluss und Druck ihres Umfeldes, der Arbeitswelt, ihrer Familie und Freunde stehen.

Und das stehen wir alle; der eine mehr – der andere weniger. Aber diesem Einfluss, der bereits im Kindergartenalter beginnt und sich auf unser schulisches Umfeld erstreckt, den daraus resultierenden ersten Stressfeldern wie dem Erwachsenwerden, der beruflichen Ausbildung und dem Einstieg ins Berufsleben, der Familiengründung, der Verantwortung für Ehe, Kinder, für die älter werdenden Eltern, dem Ehrgeiz, Karriere zu machen, der Liebe, dem Tod, Verlust und Abschied, Trennungen und Neufindung, dem entgeht keiner.

Wir nennen es den Zyklus des Lebens. Für alle Menschen in den Grundzügen gleich, nur unterschiedlich gestaltet, bedingt durch das häusliche Umfeld und das Land, in dem wir das Licht der Welt erblicken. Jeder hat es vor sich, durchlebt es, dieses vorgegebene Leben, schafft es besser oder schlechter, diese große Aufgabe bis zum Schluss durchzustehen. Das Leben ist in seiner

Vielfalt ein Konglomerat aus Freude, Spaß, Sorgen, Liebe, Hass, Krieg, Frieden, Erfolg, Niederlagen, Leben und Tod. All das bedeutet: Stress! Nur die Ureinwohner Mexikos oder Brasiliens leben dieses Leben authentisch und konzentrieren sich – meist intuitiv – auf die eigentlichen Werte: Liebe und Sorge für die Gemeinschaft!

Zu meiner Person: Ich bin 1955 geboren und habe kürzlich meinen Rentenantrag gestellt. Das gab mir sehr zu denken und inspirierte mich zu diesem Buch. Ich möchte, wie gesagt, einige meiner Erfahrungen aus meinen nunmehr 63 Lebensjahren weitergeben. Was davon war überflüssig – was wäre vielleicht zu umgehen gewesen? Was geschah mit mir in meinem familiären Umfeld? Wie wirkten sich mein Beruf und meine Karriere auf mich aus? Wie stellte sich mein Körper gegen mich in Situationen, die purer Stress waren und unter denen ich gelitten habe und denen ich doch besser aus dem Weg gegangen wäre? Und wie wirkten sich Schicksalsschläge auf meinen Gesundheitszustand aus?

Die einzelnen Geschichten klingen auf den ersten Blick lustig und sollen dem Leser ein Lächeln ins Gesicht zaubern. Das ist mir wichtig, ein Schmunzeln zu bewirken. Dennoch verbirgt sich hinter jeder lustig wirkenden Anekdote ein konkreter Ernst, der zum

Schluss stets eine enorme Stressbewältigung darstellte. Und der Stress kumulierte sich bei mir – Lebensjahr für Lebensjahr – bis hin zum Tag, als meine Ohren schlapp machten.

Der Dalai-Lama sagte einmal sinngemäß, der Mensch opfere seine Gesundheit, um Geld zu machen, dann opfere er sein Geld, um seine Gesundheit wiederzuerlangen. Ein Rat, den sich jeder gut merken sollte, denn wir alle werden einmal in eine solche Situation geraten.

1 Kindheit mit Angst

Es ist kalt draußen, bestimmt unter null Grad. Ich bin gerade aufgewacht und kuschele mich noch ein wenig unter den riesigen Berg meines Federbettes und mein Atem bildet beim Ausatmen kleine Wolken in dem Kinderzimmer, das eigentlich das Elternschlafzimmer ist und das ich mir mit meinen beiden älteren Brüdern teile, die neben mir in dem großen Elternbett schlafen. Ich bin sechs Jahre alt, mein Bruder Achim ist neun und mein Stiefbruder Hans bereits 18 Jahre alt. Er ist nur noch ab und zu zu Hause, weil er schon beim Bund ist. Ich höre meine Mutter draußen in der Küche die Asche in den Kasten einklopfen, um neues Feuer im großen Herd anzumachen, der in der Küche schon bald darauf für behagliche Wärme sorgen wird. Mein Vater ist längst bei der Arbeit. Er steht morgens meist um zwei Uhr auf und geht in die Bäckerei. Er ist Bäckermeister und Konditor und ich werde ihn, wenn überhaupt, erst am späten Nachmittag sehen, wenn er nach Hause kommt.

Ich schleiche mich leise aus dem riesigen Bett und krabbele auf das Fensterbrett, um mit meinem warmen Atem die von innen gefrorenen Fensterscheiben vom Eis freizumachen, um zu sehen, ob es über Nacht geschneit hat. Und dann schaue ich hinaus – und es schneit und schneit. Ich freue mich darüber so sehr, dass ich in die Küche renne und meiner Mutter zurufe: „Mutti, es schneit! Es schneit so sehr! Ich glaube, es hat schon zwei Meter geschneit heute Nacht."

Meine Mutter nimmt mich in den Arm, zieht mir die Hausschühchen über meine kalten, nackten Füße und setzt mich auf den Stuhl direkt neben dem wärmespendenden Herd.

„Ja, es hat viel geschneit heute Nacht", sagte meine Mutter. „Ihr müsst heute etwas früher los, damit ihr pünktlich in der Schule seid. Ich habe dir und Achim schon den Haferbrei angerührt. Sag ihm, er soll aufstehen und sich anziehen. Und du komm her und iss deinen Brei. Er ist schön heiß und wärmt dich."
Nachdem wir uns schulfertig gemacht haben, verschwinden wir mit unseren Schulranzen auf dem Rücken aus dem Haus und gehen in den noch immer dunklen Wintermorgen hinaus auf den Weg zur Schule.

Es war eine schöne Zeit, zwar war es eng in unserer kleinen Wohnung, aber wir waren eine Familie. Und meine Mutter versuchte immer, diese Familie zusammenzuhalten und uns Kindern einen Schulabschluss und eine Ausbildung zu ermöglichen. Da das Geld knapp war und die Arbeit meines Vaters als Bäcker in unserer kleinen Stadt nicht wirklich viel einbrachte, musste meine Mutter etwas dazuverdienen. Dafür ging sie Zeit ihres Lebens jeden Abend um 17 Uhr in das örtliche Gesundheitsamt, um dort zu putzen. Jahrein, jahraus. Ich habe sie oft begleitet und ihr geholfen, die gefüllten Papierkörbe unter den Schreibtischen zu entleeren und die Böden nass aufzuwischen.

Vater hingegen war zu dieser Zeit sehr mit sich selbst beschäftigt. In meinen Lebensjahren zwischen drei und sieben habe ich ihn meist nur betrunken erlebt. Immer, wenn ich aus der Schule kam, habe ich nach dem Mittagessen auf dem Fensterbrett gehockt und Ausschau nach ihm gehalten. Stets in der Befürchtung, dass er wieder betrunken nach Hause käme.

Vorher habe ich mich mit Geschichten und Gedichten präpariert, die ich auswendig gelernt hatte, oder mit Bildern, die ich gemalt hatte, um ihn damit zu unterhalten, wenn er in die Wohnung torkelte. Es war eine Art Ablenkungstaktik, die ich entwickelt hatte. Ich wollte ihn damit solange von meiner Mutter ablenken, bis er übermüdet eingeschlafen war. Denn dadurch ließ ich ihm keine Zeit, sich wieder lauthals mit meiner Mutter zu streiten, was meist darin endete, dass seine Hand auch mal ausrutschte. Ich hatte davor Angst.

Einmal weinte meine Mutter so sehr, weil er ihr in Rage ans Bein getreten hatte. Und jedes Mal war ich der stille, in einer Ecke kauernde Zuschauer, der irgendwann nach solchen Kämpfen zitternd und weinend von meiner Tante, die in der Nachbarschaft wohnte, aufgelesen und mitgenommen wurde. Sie nahm mich bei der Hand und mit zu sich nach Hause.

Mutter war immer besorgt um mich und ich versprach ihr eines Tages hoch und heilig, dass ich sie heiraten würde, sobald ich groß wäre. Dann würde ich sie beschützen und der böse Papa würde gefeuert. Mutter kaufte mir immer kleine, süße Püppchen, die ich gern frisierte und schaukelte. Sie wünschte sich so sehr ein Mädchen, aber auch nach der dritten Schwangerschaft kam ich, also ein dritter Sohn, zur Welt. Wieder kein Töchterchen … Es ermutigte sie jedoch, mich ein wenig wie ein Töchterlein aufzuziehen.

Eines Tages kam mein Vater wieder völlig betrunken nach Hause. Ich saß auf dem Küchenfußboden und spielte mit meiner Puppe. Er kam auf mich zu, nahm mir die Puppe aus der Hand und knallte sie gegen die Wand. Ihr Kopf riss ab – und ich schrie und schrie.

So ging es jahrelang, bis mein Vater eines Tages seinen Arbeitsplatz wechselte, vom schlecht bezahlten Bäckermeister in der Backstube zum umgeschulten Maschinisten in einer Autofabrik. Damals waren Arbeitskräfte begehrt und mit dieser neuen Anstellung veränderte sich das gesamte Leben unserer Familie. Er trank nicht mehr und kümmerte sich plötzlich sehr um uns. Es war fast wie ein neues Leben für uns alle.

Heute weiß ich, dass mein Vater versucht hatte, seine damaligen Depressionen – resultierend aus seinen Kriegserinnerungen – in Alkohol zu ertränken. Es gab ja zu der Zeit keine Psychotherapien oder Behandlungen, wie es heute der Fall ist.

Heute ist sein Verhalten für mich viel verständlicher. Nach mehr als 50 Jahren! Und so hatten wir, mein Vater und ich, doch noch eine Chance bekommen, zueinander zu finden. Aber es war schwer für mich, damit umzugehen.

***

Fazit: Die Kindheit ist prägend und bestimmt mitunter dein Verhalten für den Rest deines Lebens.

2 Der Nikolaus – oder: Wer ist das?

Ich war fünf, mein Bruder Achim acht Jahre alt. Wir wohnten zu viert in einer kleinen Zwei-Zimmer-Küche-Bad-Wohnung, denn Hans, mein Stiefbruder, war bereits bei der Bundeswehr.

In der Wohnung neben unserer in dem Sechsfamilienhaus wohnten meine Tante Erika und Onkel Günther mit ihren beiden Jungs, die schon älter waren. Über uns im Dach wohnten Tante Margot und Onkel Henner, der in der Stadt den winzigen Lotto-Toto-Laden betrieb und daher auch Lotto-Schmidt genannt wurde. Unter uns wohnten die zwei ältesten Hausbewohner, Herr und Frau Bock, sie waren bestimmt schon hundert Jahre alt und saßen stets auf einem riesigen Kanapee in ihrer Küche. Ab und zu besuchte ich sie, und noch heute habe ich den Geruch alter Leuten in der Nase, wenn ich daran zurückdenke. Gegenüber wohnte Herr Theis, er hinkte, was wohl einer Kriegsverletzung geschuldet war, mit seiner Frau, die, seit ich zurückdenken kann, immer nur im Bett gelegen und gehustet hatte, bis sie eines Tages verstarb. Sie hatten einen Sohn, sein Stiefkind, das er stets verprügelte, und der war nun seit einem Jahr nicht mehr da.

„Er fährt zur See", sagten die beiden, „auf der Hanseatic." Ich mochte den Sohn, denn er war immer nett zu mir. Und er tat mir leid, denn Herr Theis sperrte ihn immer ein.

„Kein Wunder, dass er nun nicht mehr da ist", dachte ich und war zufrieden damit. Es war Adventszeit und die Kinderwünsche nach tollen Geschenken in Erwartung des Nikolauses waren grenzenlos. Wann wird er kommen? Fährt er im Schlitten vor oder kommt er durch den hohen Schnee daher gestapft und verteilt still und heimlich nachts die Geschenke in den Wohnungen? – Fragen, die mich zu dieser Zeit pausenlos beschäftigten.

„Hast du deinen Wunschzettel schon fertig geschrieben?", fragte mich eines schönen Tages meine Mutter, als wir in der großen Küche saßen und der Holzofen den Raum in mollige Wärme hüllte.

„Ja, hab ich, schau mal, hier ist er", verkündete ich stolz und übergab meinen Brief mit den darin gekritzelten Wünschen und bunten Bildchen von den Sachen, die ich gerne gehabt hätte.

„Gut, dann werde ich mal losgehen und den Brief an den Nikolaus bei der Post aufgeben", sagte meine Mutter, zog ihren braunen Wollmantel an und verließ das Haus. Ich freute mich und sah von oben aus dem Fenster, wie Mutter den Gehweg betrat und in Richtung Innenstadt marschierte. Es schneite an diesem Tag. Überhaupt schneite es damals in meiner

Kindheit viel mehr als heute. Anfang Dezember mussten wir schon immer sehr viel Schnee schippen, morgens, gleich nach dem Aufstehen. Für uns Kinder war es immer toll, denn hinter unserem Haus lag der Lehmberg, ein Abraumberg aus Ton für die dahinter gelegene Ziegelei. Von dort oben konnten wir fantastisch mit dem Schlitten herunterrodeln. Es war eine tolle Zeit! Und dann kam er, der sechste Dezember und damit der Nikolaustag.

„Heute muss er kommen, der Nikolaus." Ich war aufgeregt und fragte Achim, was er sich denn gewünscht hatte.

„Na, eine Lok, für meine Eisenbahn", sagte Achim.

„Den roten Schienenbus. Kennste doch, oder?"

„Klar", sagte ich bestimmt und mich auskennend, obwohl ich keinen Schimmer hatte von dem, was Achim meinte.

Es wurde Nachmittag. Gegen vier Uhr, es wurde bereits wieder dunkel, rief uns meine Mutter nach oben. Wir waren im Schnee gemeinsam mit all den vielen Nachbarskindern zugange. Da war Arno von nebenan, er war so alt wie wir und hatte noch drei Brüder. Dann war da noch der Ode, der eigentlich Pudolsy hieß (was aber zu kompliziert zum Aussprechen war), er war ebenfalls aus einem Nachbarhaus. Und auf der anderen Straßenseite wohnten

Königs, also der Jürgen und der Kai mit ihrer Schwester Paula. Sie sollte einmal sehr jung von uns gehen.

An anderen Tagen erhob sich immer lauter Protest und Murren gegen das Nachhausegehen, aber an diesem Tag war alles anders. Wir alle flitzten nach oben, klopften den Schnee von unseren Schuhen, betraten die warme Wohnung und zogen uns die nassen Sachen vom Laib.

„So, meine Jungs", sagte meine Mutter, „ausziehen und rein in die Wanne, jetzt wird gebadet". Ach ja, ich hatte total vergessen, dass es ein Samstag war. Samstags war bei uns Badetag. Der Boiler musste mit Holz und Kohle befeuert werden und es war stets ein Riesenaufwand, heißes Wasser zu machen. Darum badeten wir nur einmal pro Woche.

„Und der Nikolaus?", fragte ich meine Mutter.

„Der wird schon noch kommen, denn ihr seid doch brav gewesen, und darum: abwarten!" Meine Mutter steckte uns ins Badewasser und ich schrubbte – wie immer – Achims Rücken mit Kernseife. Dabei nahm ich jedes zusätzliche Geräusch im Haus wahr, denn ich hoffte, nun endlich die kommenden Schritte vom ach so sehr herbeigesehnten Nikolaus zu hören. Und dann ging die Tür.

Wir wurden mucksmäuschenstill und lauschten auf das, was da noch so zu hören war. Es polterte und krachte im Flur.

Irgendetwas war umgefallen und meine Mutter schaute ziemlich entsetzt zur Badezimmertür. Dann hörte ich es: Das „Hohoho, wo sind denn die lieben Kinderlein?" einer sehr tiefen Stimme.

Ich schrie und sprang im Badewasser hin und her und war total aufgeregt. Da kam er ins Bad und stand vor uns, in voller Pracht.

„Der Nikolaus! Ja, das muss er sein", dachte ich. Mit einem glanzvollen roten Mantel und einer großen Mütze auf dem Kopf, die seine weißgelockten Haare bedeckte, einem das gesamte Gesicht einrahmenden, weißen Bart, der aus Engelshaar zu bestehen schien, und mit einem gedrechselten, riesigen Stab in der rechten Hand kam er – nein: torkelte er – in unser Badezimmer herein.

Und in dem Moment, in dem er den schweren Sack mit den Geschenken vom Rücken auf den Boden setzen wollte, passierte das Unfassbare: Er begann zu straucheln und drehte sich in Zeitlupe um die eigene Achse, was wohl den nassen Fliesen zuzuschreiben war.

Der Sack flog buchstäblich durch die Luft und direkt auf den Kopf meiner mit offenem Mund dastehenden Mutter zu. Der mächtig dicke Nikolaus knickte um und landete mit einem Riesenkrach und seiner ganzen Körperlänge nach in unserer Badewanne und wir Kinder machten noch im letzten Moment einen Satz aus derselben.

Wasser spritzte überall hin und nun sah ich es … besser gesagt: ihn! Den Nikolaus im Wasser liegend; sein Bart war verrutscht und die Mütze saß nicht mehr auf seinem Kopf. Und zum Vorschein kam – mein völlig betrunkener Vater.

Ich schrie, lief heulend aus dem Bad und verkroch mich unter meiner Bettdecke. Für den Rest dieses Tages kam ich darunter auch nicht mehr hervor. Meine Mutter wollte mich trösten, aber zu spät! Ich hatte ihn entlarvt, den vermeintlichen Nikolaus. Von nun an wusste ich: Der Nikolaus war mein Vater!

***

Fazit: Glaube nicht alles, was man dir erzählt. Wenn doch, dann folgt meist die ernüchternde Wahrheit.

3 Sport ist Mord ... oder doch lieber Theaterspielen?

Nun war ich ja ein ziemlich schmächtiges Kerlchen und begeisterte mich in meiner Grundschulzeit im Alter so um die neun Jahre bei allen möglichen Schulanlässen für das Theaterspielen. Mal spielte ich in der Weihnachtszeit den Josef beim Krippenspiel, mal einen armen Bauern in einem mittelalterlichen Stück zum Erntedankfest. Es machte mir höllischen Spaß, auf der Bühne zu stehen und von allen gesehen zu werden. Meine Mutter war stets zu allen Anlässen dabei, aber mein Vater fand es wohl ziemlich uninteressant und konnte sich nur schwer für meine Leidenschaft begeistern.

Mein Bruder Achim war da ganz anders. Er war Fußballspieler durch und durch und in der Jugendmannschaft als rüpelhafter Stürmer mit einer beachtlichen Anzahl von Toren fast zur städtischen Berühmtheit geworden. Die Leute sprachen stets vom Fußball-Schorsche, der die Kleinstadtmannschaft nach oben faulte. Schorsche war die Namensübername meines Vaters, der ja Georg hieß. Und Achim betrachtete sich selbst als den kleinen Georg und ließ sich gern überall so nennen.

Vater war total stolz auf ihn und jeden Samstagnachmittag, wenn Fußball-Schorsche spielte, ging die ganze Familie inklusive Onkel Henner, Onkel Günther, Onkel Knut und noch einiger anderer Onkel auf den Fußballplatz und spornten Achim an. Ich hingegen blieb lieber bei Mutter zu Hause und interessierte mich so gar nicht für diesen Ballsport.

Eines Tages war es dann soweit, oder besser gesagt: Ich war soweit! Achim wollte wie immer donnerstag-abends zum Fußballtraining in die Sporthalle unserer Schule. Er fragte mich tatsächlich, ob ich denn nicht mitwolle, ich könne ja in der Schüler-Elf spielen, die gerade neue Mitglieder suchte.

Zuerst war ich total erschrocken von dem Gedan-ken, mit all den herben Typen auch noch eine Gemein-samkeit haben zu müssen. Und außerdem hatte ich ja keinen blassen Schimmer von dieser Sportart. Doch dann dachte ich daran, wie toll mein Vater es finden würde, auch mich mit samt der Onkelverwandtschaft beim samstäglichen Bolzen lautstark anfeuern zu können, und wie stolz ihn das dann machen würde, gleich zwei Helden als Söhne zu haben.

Also sagte ich: „Okay, dann komm ich mal mit. Aber nur zur Probe", und packte meine Sportklamotten. So gingen wir erstmals gemeinsam als Brüderpaar zum Fußballtraining. Zuerst ging es in die Umkleide in der unteren Etage der Schulaula, die auch zu Sport-, Theater- und Versammlungszwecken genutzt wurde.

Da waren also meine neuen Freunde. Alle lautstark und im ersten Versuch, wie echte Kerle zu wirken, stülpten sie sich die Fußballstutzen mit Schienbeinschonern an die Beinchen und ich mir meine weißen Tennissocken, die man damals auch recht gern zum Sonntagsanzug trug. Die Truppe, die bereits eine Stunde zuvor trainiert hatte, war schon dabei, in die Duschen zu gehen. Das erschrak mich vor allem, denn diese Nacktduscherei, wo jeder des anderen erste Schamhaare beäugte, war mir zuwider.

Achim sagte, ich solle schon mal vorgehen, die Treppe hoch und in die Halle. Er käme gleich nach. Also machte ich, was mir gesagt wurde, und ging schnurstracks die Treppe nach oben und öffnete die Tür zur Halle.

Kaum war ich eingetreten und beobachtete, was dort so ablief, sah ich auch schon wie in Zeitlupe einen Fußball auf mich zukommen. Zuerst verlief alles wie im Schneckentempo. Da waren etwa sechs bis acht Jungs, die bereits begonnen hatten, zu spielen. Ausgerechnet auf der Seite, auf der sich die kleine Tür zwischen Halle und Umkleideräumen befand, stand auch das Tor. Der Ball, der da im Zeitraffer auf mich zukam, war also dem Tor gewidmet, wurde jedoch in den nächsten Zehntelsekunden seines Fluges immer schneller und schneller und dann machte es nur noch:

Peng – und dieser Flugkörper knallte mir mit Über-
schallgeschwindigkeit mitten ins Gesicht.

Ich ging zu Boden und es wurde mir schwarz vor
Augen. Als ich wieder zu mir kam und die Orientierung zurückgewonnen hatte, sah ich die Jungs vor
mir auf dem Spielfeld sich die Bäuche halten vor
Lachen und mir wurde schlecht.

Also brachte ich mich wieder zurück auf die Beine,
drehte mich auf der Stelle um, ging wortlos durch
dieselbe Tür, durch die ich gekommen war, wieder
zurück, die Treppe runter und zu meinen Klamotten.

Da kam mir Achim entgegen und fragte: „Was ist denn mit dir los, du hast ja'n knallrotes Gesicht?"

Ich antwortet nur kurz und knapp: „Ach du, das ist nichts für mich", zog mich um und sah zu, dass ich ganz schnell wieder nach Hause kam und den Traum meiner vermeintlichen Fußballerkarriere hinter mir ließ.

Irgendwann kam dann auch Achim nach Hause und lachte sich halb schief, als er mich sah. Mit seiner Bemerkung: „Fußball … nicht Kopfball", besiegelte er meine getroffene Entscheidung, nie wieder ernsthaft über diesen Sport nachzudenken.

***

Fazit: Tue nichts, was dir nicht liegt, auch nicht, um die Aufmerksamkeit anderer zu gewinnen. Es bringt nichts.

4   Der geklaute Käfer

Ich war fünfzehn. Und hatte nur noch Blue Jeans und Autos im Kopf.

Wir wohnten noch immer in derselben Straße in unserer Kleinstadt und waren lediglich aus der ersten Etage ins Erdgeschoss des Nachbarhauses umgezogen, weil da ein Zimmer mehr zur Verfügung stand. Unsere Familie war in ruhigeres Fahrwasser gekommen, seitdem Vater die neue Stellung in der Autofabrik angenommen hatte. Es war ein schönes Leben. Alle waren entspannt und wir konnten uns etwas leisten.

Ich wartete nach der Schule stets ungeduldig auf meinen Dad, der gegen fünfzehn Uhr von der Frühschicht nach Hause kam. Und so lauschte ich jeden Nachmittag im Sommer, ob das Motorgeräusch seines VW Käfers hinterm Haus, wo er ihn immer parkte, zu hören war. So auch an diesem Nachmittag. Da kam er also vorgefahren und schon stand er in der Küche und meine Mutter empfing ihn mit einem guten Mittagessen. Kochen konnte sie wirklich toll.

Nach dem Essen ging er dann, wie jeden Tag, ins Schlafzimmer, zog die Rollos herunter und legte sich schlafen. Ich wartete noch eine gute halbe Stunde, um sicher zu sein, dass Vater tief und fest eingeschlafen war, schlich mich dann leise an seine über einen Stuhl geworfene Hose und versuchte, seinen Autoschlüssel ausfindig zu machen. Dabei musste ich auch darauf aufpassen, dass Mutter mich nicht erwischte.

Endlich hatte ich den Schlüssel aus seiner Gesäßtasche herausgefischt und ging mit einem leisen „Ich geh mal in die Stadt" in Richtung Hinterhaus, wo unser Auto abgestellt war. Dann machte ich den Motor an und versuchte, langsam und möglichst ohne Lärm, das Auto auf die Straße zu bewegen. Das geschafft, ging es mit einem Heidenspaß erst einmal eine Runde durch die Stadt. Hier suchte ich dann nach meinen Schulfreunden, um denen mit einem kurzen Hupen zu zeigen, dass ich bereits Auto fuhr. Dann fuhr ich in Richtung Bahnhof und rechts den Berg hoch in unsere Wohnsiedlung, um dann irgendwann wieder hinter unserem Haus anzukommen. Eine kleine Spritztour …

Diesmal allerdings fuhr ich vom Bahnhof kommend anstelle rechts hoch geradeaus. Und das wurde mir zum Verhängnis, denn von rechts kam ein anderes Auto und das knallte mir schließlich direkt an die Stoßstange unseres Autos. Dabei fiel das vordere Kennzeichen ab und ich war entsetzt.

So sprang ich also aus dem Wagen und vor mir stand eine Frau, die den Mund nicht mehr zubekam. Ich brüllte sie an: „Können Sie kein Auto fahren? Was haben Sie sich denn dabei gedacht?" Tatsächlich war ich in diesem Moment der Meinung, dass die von rechts kommende Dame schuld an dem Unfall gewesen war. Mal abgesehen davon, dass ich gar keinen Führerschein besaß.

Da sagte sie: „Du bist doch der Michel, der von den Meinhardts. Hast du überhaupt einen Führerschein? Und außerdem komme ich von rechts und habe Vorfahrt."

Verdutzt darüber, dass diese Frau mich erkannt hatte, und dann auch klarer sehend, dass sie tatsächlich von rechts gekommen war, wurde ich kleinlaut und sagte: „Ja, stimmt, Sie kamen ja von rechts." Als ich realisierte, in welch aussichtslose Situation ich mich hineinmanövriert hatte, fing ich im nächsten Moment an zu heulen.

Da sagte sie: „Dein Vater weiß nichts davon, oder? Okay, an meinem Auto ist nichts kaputt. Dann tu ich so, als hätte ich dich nicht gesehen und du fährst jetzt ganz schnell nach Hause. Abgemacht?" Anscheinend wusste sie, dass wir nur eine Straße entfernt wohnten.

Ich versprach es, nahm das runtergefallene Nummernschild von der Straße und fuhr mit verbeulter Stoßstange zu unserem Haus. Dort angekommen lief ich in die Wohnung, wo Mutter noch immer in der Küche zu tun hatte, und begann zu weinen.

Dann erzählte ich ihr von meinem Missgeschick, und ohne mich zu beschimpfen oder zu bestrafen schnappte sie sich ihren Mantel und wir verließen auf Zehenspitzen das Haus, um Vater nur nicht zu wecken.

„So", sagte sie, als wir draußen am Auto ankamen, „jetzt fahren wir zur VW-Werkstatt." Und ab gings, und weil Mutter ebenfalls keinen Führerschein hatte, musste ich fahren. Damals war kaum Verkehr auf den Straßen unserer Kleinstadt und daher war das Risiko überschaubar.

Dort angekommen lief sie schnurstracks in das Büro des Autohauses und wechselte mit dem Inhaber einige schnelle Worte. Die beiden kannten sich seit vielen Jahren und dann kam der Mann im blauen Kittel heraus und begutachtete den Schaden an der Stoßstange.

„Katharina", sagte er zu meiner Mutter, „wir nehmen die ab und beulen sie aus. In der Zwischenzeit geh du mal auf die Zulassungsstelle zu Herrn Jakob und sag ihm einen Gruß von mir, er soll dir ein neues Ersatzkennzeichen stanzen."

Gesagt – getan, Mutter nahm das zerbeulte Schild und mich an die Kandare und wir liefen im Eilschritt zur Zulassungsstelle zwei Straßen weiter. Alles dauerte eine Weile, aber als wir dann mit dem neuen Schild in der Hand zurück zur Werkstatt kamen, war der Monteur gerade dabei, die ausgebeulte Stoßstange wieder anzuschrauben. Man sah echt nichts mehr von dem Schaden. Und dann wurde das neue Schild an ebendieser befestigt und alles sah aus wie neu.

„Jetzt aber schnell nach Hause", sagte Mutter, bedankte sich bei dem Mann im blauen Kittel mit dem Hinweis: „Ich komme die Tage zu dir. Sag mir, was du bekommst", und schon fuhren wir nach Hause, wo ich den Wagen auf derselben Stelle abstellte, an der ich ihn mir zuvor ausgeborgt hatte. Schnell rein in die Wohnung und Mutter ging direkt ins Schlafzimmer und steckte unbemerkt den Schlüssel in Vaters Hosentasche. Der wachte im selben Moment auf und fragte, ob alles in Ordnung sei.

„Alles in Ordnung", sagte Mutter, drehte sich dabei um und sah mich lächelnd an. War sie nicht großartig, diese meine Mutter.

Vater hat übrigens nichts bemerkt und erst Jahre später haben wir ihm diese Geschichte gebeichtet.

*****

Fazit: Eine große Klappe zu haben, bringt gar nichts, außer ungeheuren Stress.

5 Ausbildung mit Hindernissen

Meine Kindheit besaß bis zum Mittelschulabschluss viele Schattenseiten, die meine Ängste, vor allem um meine Mutter, in den nächsten Jahren meines Lebens prägen sollten.

Nachdem mein Vater den Job gewechselt hatte, begann meine Kindheit und das Erwachsenwerden mit etwas ruhigeren und schöneren Lebensphasen. Vergessen konnte ich das Erlebte jedoch nie. Es sollte mich im Laufe der nächsten Jahrzehnte einholen.

Nachdem ich die Führerscheinprüfung mit Sondergenehmigung mit siebzehn Jahren abgelegt hatte, durfte ich Vaters VW Käfer für die Fahrt von Wolfhagen, unserer Heimatstadt, bis zur Fachschule für Pharmazie in Kassel benutzen. Ich liebe Autos, Autofahren und alles, was damit zusammenhängt. Und wenn ich den Wagen nicht bekommen konnte, weil mein Vater ihn brauchte, fuhr ich die dreißig Kilometer bis nach Kassel mit dem Zug.

Das, was ich da als Ausbildung absolvierte, war ein Albtraum für mich. Ich weiß gar nicht so richtig, wie es dazu kam, dass ich diese Schule besuchte. Aber ich war dort – und irgendwie auch nicht. Ich saß auf der Schulbank und verstand kein Wort von dem, was da gesagt wurde. Es ging um Herbarien, Pflanzen- und Drogenkunde, um Rezepturen für Zäpfchen und

Tabletten. Für mich waren das alles nur böhmische Dörfer. Aber da waren die weiblichen Mitschüler, die auch vorher schon irgendwie in Apotheken gearbeitet hatten und diese Schule nun zur Weiterbildung besuchten. Ich war der Jüngste, damals sah ich zudem noch viel jünger aus, als ich war, und die eine oder andere hatte durchaus Mitleid mit mir.

In Tests und Zwischenprüfungen spiegelte sich meine steigende Abwesenheit, ich schwänzte den Unterricht, sodass mich der pharmazeutische Laborleiter eines Tages in sein Büro rief.

„Sagen Sie mal, Michel, was machen Sie eigentlich hier? Ihre Leistungen sind so unterirdisch schlecht, dass man Sie zumindest in einem pharmazeutischen Beruf nicht auf die Menschheit loslassen kann." Ich war erstaunt, aber irgendwie auch froh, endlich angesprochen zu werden, denn zwei Jahre etwas tun zu müssen, was für mich überhaupt keinen Sinn ergab, war purer Stress und machte mich bis dahin ängstlich, weil ich mich meinen Eltern gegenüber, bei denen ich ja immer noch lebte, mehr und mehr in Lügenkonstrukten verlor.

Kurz und gut: Ich erläuterte dem Lehrer meine Angst und dieser traf sich schließlich mit meinem Vater und empfahl ihm, mich von der Schule zu nehmen. Das Resultat war, dass mein Vater mich drei Jahre lang nicht mehr beachtete und ich mich in seiner Gegenwart wie pure Luft fühlte.

Verstärkt wurde dieser Bruch dann noch durch den Herzinfarkt, den mein Vater während seines 54. Lebensjahres bekam. Ich werde nie vergessen, wie ich neben ihm an seinem Krankenbett im Krankenhaus stand, er mich nach der Reanimation durch die Ärzte ansah und leise sagte: „Du bist schuld!" Das war das i-Tüpfelchen der sich von da an immer mehr entfremdenden Beziehung zwischen mir und meinem Vater.

***

Fazit: Sobald du spürst, dass alles, was du tust, dich unglücklich macht, hör auf damit. Damit geht es allen besser.

6 Bruch und Scherben – sprichwörtlich!

Nachdem ich mein pharmazeutisches Studium erfolglos aufgegeben und mein Vater erst einmal eine Redepause mit mir eingelegt hatte, begann ich eine kaufmännische Ausbildung in einem hiesigen, großen Warenhaus an der Königsstraße. Das Image dieser Ausbildungsstelle war top und ich wurde schnell zum Liebling meiner Mit-Azubis und der Ausbilderin, Frau Janke.

Am Tag der Einführung wurde ich der Abteilung Glas und Porzellan zugewiesen, in der bis dahin ausschließlich weibliche Mitarbeiter arbeiteten. Ich muss allerdings gestehen, dass ich recht schnell freundlich und anerkennend von den Damen aufgenommen wurde, dafür sah ich dann auch darüber hinweg, dass diese mich gern anwiesen, fehlende Sortimentsstücke wie Kaffeekannen, Teller, Glasvasen und Geschenkartikel aus dem in der dritten Etage befindlichen Lager nach unten zu holen.

Ich benutzte nie den Fahrstuhl, da sich dieses Ungetüm langsam bewegte wie eine Schnecke. Ich rannte stattdessen die Treppe hoch und runter, was mir als schlankem und sportlichem Kerl zusätzlich als Training diente. Das schaffte Eindruck. Unser Abteilungsleiter, Herr von Hohensteht, war ebenfalls ein sportlicher Langläufer und auch ihm gefiel es, wenn ich mich in seiner Abteilung wie ein geölter Blitz bewegte.

Es war Vorweihnachtszeit. Die Hauptgeschäftszeit des Jahres. Wir hatten alle Hände voll zu tun. Ich musste am Tag bis zu zwanzig Mal die Treppe hoch und runter und abends, wenn der Weihnachtsgeschenke-Einkaufstag, vor allem die verkaufsoffenen Samstage bis 18 Uhr, zu Ende gingen, waren wir dann alle ziemlich platt.

Zum Abschluss dieser für alle stressigen Zeit war es Brauch, dass uns unser Abteilungsleiter von Hohenstedt zu sich nach Hause zum Weihnachtsessen einlud, das seine Ehefrau zubereitete. Wir freuten uns sehr auf diesen Abend, denn die anderen erzählten mir, dass es sehr gemütlich und festlich dabei zuginge und Herr von Hohensteht für jeden Geschenke austeilte.

So rückte dieser Samstag näher, wir machten uns extra schick und versammelten uns nach Geschäftsschluss alle am Personalausgang. Einige hatten ihre privaten PKW zur Verfügung gestellt, und so hatten wir alle einen zugewiesenen Fahrer, mit dem wir in Richtung Vellmar, einem Vorort, in dem unser Chef in einem Reihenhäuschen wohnte, fuhren.

Es schneite und wurde glatt auf den Straßen. Wir hatten alle schon einen Aperitif (oder waren es zwei …?) im Büro zu uns genommen und so wurde es auf der Fahrt nach Vellmar im Auto recht lustig und laut. Wir kicherten (oder waren es drei Aperitif …?) und hatten unseren Spaß. Endlich angekommen stieg zuerst unsere Erstverkäuferin, Fräulein Gänsewein, aus dem Auto. Und kaum stand sie auf der Straße, flutschten ihre Beine auf eisglatter Fläche nach hinten weg und bums, saß sie auf dem Hintern. Wir lachten uns halb tot und konnten kaum noch von der Rückbank aus dem Auto aussteigen.

Als wir uns einigermaßen wieder gefasst hatten, kam die Gänsewein mit beleidigter Miene auf mich zu, legte mir ihre selbstgebackene Torte in die Hände und sagte: „So, Herr Meinhardt, Sie dürfen nun dafür auch die Torte ins Haus tragen. Mir ist das zu gefährlich bei dieser Glätte." Sie drehte sich um und balancierte auf dem rutschigen Weg in Richtung Hauseingangstür.

Diese war längst geöffnet und Herr und Frau von Hohensteht standen da und erwarteten ihre Besucher mit einem herzlichen Lächeln.

Da meine Orientierung nach dem Aperitif im Büro (oder waren es gar vier …?) etwas angeschlagen war und meine Augen immer noch tränenvoll vom vielen Lachen waren, begann ich, vorsichtig mit der Torte auf dem Arm in Richtung Haustür zu gehen. Dabei bemerkte ich recht spät, dass der Weg leicht abschüssig verlief, und dann passierte das, was sonst nur bei der versteckten Kamera passierte: Meine profillosen Schuhe verloren den Kontakt zur Gehwegoberfläche und so glitt ich wie auf Schlittschuhen schlitternd den nach unten führenden Weg in Richtung der Familie von Hohensteht. Dabei wurde ich immer schneller und schneller und konnte nur mit Mühe das Gleichgewicht halten. Aber meine Geschwindigkeit nahm zu und ich begann zu schreien.

„Bahn frei", brüllte ich, „weg da", „oh Gott, macht doch was." Die offene Tür kam immer näher und die Torte hielt ich nun weit vor mir ausgestreckt in den Händen. Mit aufgerissenen Augen und Mund fuhr ich quasi an unseren Gastgebern vorbei, die sich durch einen seitlichen Sprung aus meiner Einflugschneise retteten, hinein in den Hausflur, stolpernd und

krachend endend und sozusagen im freien Fall gegen
den Spiegel.

Da lag ich – am Boden – und die Torte rutschte in
Stücken an Spiegel und Wänden herunter und alle
sahen mich nur noch verwundert an. Es dauerte einige
Sekunden, bis meine Zuschauer realisierten, was sich
da gerade vor ihren Augen abgespielt hatte. Eine
filmreife Komikszene. Nur war mir als Hauptdar-
steller gar nicht mehr zum Lachen zumute, denn ich
schämte mich zu Tode.

Herr von Hohensteht erkannte jedoch meine miss-
liche Lage sofort und sagte zu meiner Ehrenrettung:

„Das war ja 'n Ding. Woowww … tolle Show. Schade nur um die Torte."

Jetzt begannen auch die anderen herzhaft zu lachen und ich rappelte mich auf und so wischten wir gemeinsam, im Kollektiv, das wir ja nun einmal waren, die zu Matsch gewordene Torte von Spiegel und Wänden. Fräulein Gänsewein hingegen redete eine Woche lang nicht mehr mit mir. Hatte ich doch ihr Lebenswerk zerstört.

Als ich mich bei ihr entschuldigte und sie bat, wieder mit mir zu sprechen, sagte sie nur kurz und immer noch beleidigt: „Wie man sich bettet, so liegt man. Das haben Sie nun davon." Aber bald wurde ich wieder ihr Liebling und wir hatten noch wochenlang Spaß, wenn wir uns an diese Geschichte erinnerten.

***

Fazit: Es geht auch lustig. Auch, wenn dabei etwas zu Bruch geht.

7   Klopapier braucht das Land

Nach meiner kaufmännischen Ausbildung, die ich total genoss, weil ich endlich einmal meinem Talent freien Lauf lassen konnte, versuchte ich mich in unterschiedlichen Branchen, wobei ich meist jedoch nicht einmal die Probezeit von drei Monaten überstand, weil mir das ewige Auffüllen der Regale oder der Druck der Filialleitung auf den Nerv ging.

Die Chance meines Lebens, so dachte ich, bekam ich dann von einer bekannten Kaufhauskette in Korbach, ein am Rande des Sauerlandes gelegenes Städtchen mit etwa 30.000 Einwohnern inklusive aller Dörfer drum herum und mit Behaglichkeit und Ruhe. Ich fühlte mich wohl dort. Die sogenannten Substituten, also die Leiter der einzelnen Abteilungen, waren spontan, freundlich und hilfsbereit und es entwickelten sich Freundschaften.

In Korbach traf ich dann auch erstmals Mary, eine junge Frau aus der DOB (Damenoberbekleidungsabteilung), mit der ich dann drei Jahre zusammen war, ohne jemals Sex gehabt zu haben. Und sie wurde nicht einmal misstrauisch.

Eines schönen Tages kam ein Vertreter für Klopapier zu mir in die Abteilung. Und mit diesem geschäftlichen Besuch stand für mich auch schon das Aus in diesem Unternehmen fest. Besagter Vertreter machte mir ein überaus schmackhaftes Angebot, dass ich ab einer bestimmten Bestellmenge Klopapier dreißig Prozent Rabatt bei ihm bekäme. Und dann folgte mein Fehler: Als ich fragte, wie hoch der Rabatt ausfiele, wenn ich gleich drei LKW-Ladungen orderte, bot er mir tatsächlich die Hälfte des regulären EK-Preises an. Da konnte ich nicht anders und schlug zu …

Nur Tage später kam schon der erste LKW und lud aus. Meine Kollegen riefen ständig bei mir an, warum Klopapier-Paletten zwischen ihren Waren im Lager stünden. Ich solle dafür sorgen, dass das Zeug wegkomme. Leichter gesagt als getan. Ich schlich hoch ins Lager und frachtete die Paletten zwischen Klamotten, Lebensmittel und Schuhpackungen um.

Dann, nachdem auch der letzte der drei LKW entladen war, tönte es aus dem Ladenlautsprecher: „275 zu 1!" Das war ein interner Code und bedeutete: Ich, mit der internen Hausnummer 275, solle ins Büro von 1, dem Geschäftsführer, kommen.

Dort angekommen wurde ich lauthals von diesem empfangen: „Herr Meinhardt! Können Sie mir bitte sagen, was diese Unmengen an Scheißhauspapier in unserem Lager sollen?" Er sagte es nicht nur – er schrie es! Und er fügte hinzu: „Ist in Korbach die Malaria ausgebrochen, oder was?"

Ich war von seiner durchaus unfreundlichen Art geschockt und entgegnete: „Also, ich denke, dass Klopapier immer verwendet wird. Es ist nur eine Frage der Zeit, bis es abverkauft ist. Ich habe dafür einen sensationellen EK-Preis ausgehandelt, der uns eine Marge von 50 Prozent einfährt. Was sagen Sie dazu?"

Und so sah ich ihn, die Nummer 1, mit offenen Augen und in freudiger Erwartung, ein tolles Lob zu kassieren, an. Dieser sagte daraufhin trocken und sich dabei abwendend: „Meinhardt, Sie sind entlassen!"

Das war eine harte Lektion für mich und erst ein paar Jahre später, nach meinem BWL-Studium, verstand ich dann auch seine Beweggründe für diesen für mich zunächst nicht akzeptablen Rauswurf.

Ich überlegte, ob ich den Rest meines Lebens nun weiter mit solchen Nichtverstehern und risikoschwachen Managern ausharren sollte, besann mich auf das Wesentliche und begann ein BWL-Studium, um es ein paar Jahre später relativ erfolgreich abzuschließen.

Ich verschanzte mich in einer kleinen unmöblierten Dachgeschosswohnung auf dem Lande, um über das Leben und mich im Hinblick auf Frauen und Männer nachzudenken, denn ich hatte zu jener Zeit einen Typen kennengelernt, der mir von da an nicht mehr aus dem Kopf ging. Mary goss ich schließlich klaren Wein ein, um fair zu sein. Meine Brüder waren da übrigens schon mit ihren Familien beschäftigt.

Mein Stiefbruder hatte bereits fünf Kinder und die irgendwie auch schon eigene Kinder; mein anderer Bruder war mittlerweile mit seiner zweiten Frau zusammen und auch da gabs schon ein weiteres *Balg*. Alle waren mit sich selbst beschäftigt und auch ich hatte in diesen Jahren keinen Nerv, mich mit ihnen zu befassen.

Mein Vater und meine Mutter genossen ihr Leben auf ständigen Reisen – denn mein Vater sollte eigentlich sieben Jahre nach seinem Herzinfarkt tot sein, aber er war quietschfidel und lustig und sollte noch weitere 30 Jahre so weitermachen. Aber zum damaligen Zeitpunkt wussten wir das natürlich nicht.

***

Fazit: Eine Ausbildung auf Umwegen, das Outing, das ewige Versteckspiel vor der sogenannten Gesellschaft und der neue Job: viele Erfahrungen auf einen Streich.

8   Farbe bekennen und dem Herzen folgen

In der Zeit nach der Ausbildung und kurz vor dem Antritt meines Studiums machte ich mich mit meiner damaligen Freundin Mary selbständig. Wir eröffneten eine Jeans-Boutique im Sauerland und hatten über dem Geschäftslokal eine gemeinsame Wohnung angemietet.

Alles funktionierte hervorragend, das Geschäft schlug ein wie eine Bombe, wir waren happy und so kam der Tag, dass unsere Eltern uns zum sonntäglichen Kaffee und Kuchen besuchten und begannen, über eine mögliche Hochzeit von uns zu reden.

„Ihr seid doch nun schon drei Jahre zusammen und ein hübsches Paar", begann Marys Vater seine Ansprache. Er war selbständig, im Aufsichtsrat der örtlichen Bank und sehr konservativ. „Wie wärs, wenn ihr heiratet?"

Ich war wie vor den Kopf gestoßen, quasi überfahren von dieser Frage und konnte weder meinen Mund zubekommen noch eine Silbe herausbringen.

Mary freute die Idee augenscheinlich und sie sagte munter: „Da müssen wir erstmal drüber schlafen", sie grinste mich an und holte frischen Kaffee aus der Küche.

Mir lag diese Situation in den kommenden Tagen schwer im Magen, hatte ich doch ein wohl gehütetes

Geheimnis zu verbergen, von dem auch Mary keinen Schimmer hatte.

Es war Winter und im Sauerland fuhr man Ski. Also machten wir uns nach der Arbeit mit dem Auto zum nächstbesten Skilift auf und wollten Flutlicht-Ski fahren.

Im Sessellift in Richtung Bergstation sitzend begann ich zu stottern: „Mary, ich muss dir etwas gestehen. Es wird Zeit, dass du etwas weißt. Wenn ich ab und zu mal abends wegfahre und erst spät in der Nacht nach Hause komme, dann bin ich …" Ich stockte und Mary sah mich aus ängstlichen Augen fragend an. „Also, ich habe einen Typen in Kassel kennengelernt und da fahr ich hin. Ich mag ihn sehr. Ich glaube, ich habe mich in ihn verliebt."

Mary begann befreiend zu lachen und sagte: „Gott sei Dank! Und ich dachte schon, da steckt eine andere Frau dahinter." Sie lachte und lachte immer weiter und auch ich begann, zu lachen, war ich doch froh, dass sie dieses Thema so toll aufgenommen hatte. Wir lachten uns in Rage und irgendwie, vor lauter Grölen und um uns Wedeln, flogen wir beide in hohem Bogen aus dem Sessellift, etwa drei Meter hinunter in einen Berg Neuschnee.

Dort lagen wir und hielten uns die Bäuche vor Lachen. Als wir uns dann etwas beruhigt hatten und uns aufrappelten, sah sie mich an und sagte freundlich, aber bestimmend: „Mach dir keine Sorgen. Ich kenne einen guten Arzt."

Das hatte ich nun wirklich nicht erwartet. Dachte sie tatsächlich, dass es sich dabei um eine heilbare Krankheit handelte? Hatte sie das etwa ernst gemeint? Ich merkte, dass Mary nichts begriffen hatte, und machte gute Miene zu einem bösen Spiel. Die Wochen danach, immer wenn ich abends zu meinem neuen Freund in die Stadt fuhr, waren die Hölle. Mary war beleidigt, machte mir Szenen und schnauzte mich ständig an.

Und dann hielt ich es nicht mehr aus und mietete mir in der Nähe meiner Heimatstadt eine kleine Dachgeschosswohnung, jwd am Ende der Welt. Ich machte Mary klar, dass ich nicht mehr mit ihr zusammenleben wollte und vereinbarte mit ihr einen Termin, an dem ich meine restlichen Sachen abholen wollte.

Als ich an besagtem Morgen von meiner kleinen Dachwohnung in Richtung Marys Geschäft und Wohnung fuhr, ging mir durch den Kopf, dass es hoffentlich das letzte Mal wäre, dass ich diese Strecke fahren würde. Denn Mary hatte mir damit gedroht, dass sie allen Leuten in der Stadt erzählen wolle, dass ich schwul sei. Sie wollte damit Druck auf mich ausüben, bei ihr zu bleiben. Trotzdem!

Am Haus angekommen sollte das Jeansgeschäft eigentlich geöffnet sein. Aber es war verschlossen. Kein Licht brannte und ich wunderte mich sehr. Also nahm ich meinen Hausschlüssel, schloss damit die zuvor gemeinsam genutzte Wohnung im ersten Stockwerk auf und schlich hinein. Als ich leise „Mary" rief, hörte ich überraschende Geräusche aus dem Schlafzimmer.

Ich stand schließlich in der Tür und sah, dass der Kellner aus der Dorfdisco mit Mary im Bett zugange war. Mary streckte für einen Augenblick ihren Kopf hoch, denn anscheinend wollte sie sichergehen, dass die Szene auch tatsächlich von mir gesehen wurde.

Ich sagte nur kurz „Na dann, viel Spaß noch", packte in Windeseile meine Sachen zusammen, legte den Wohnungsschlüssel auf den Küchentisch und verließ diesen Ort, der mir die letzten Monate über die Luft zum Atmen genommen hatte.

Später erfuhr ich, dass es sich tatsächlich um eine Art Taktik gehandelt hatte, dass die beiden quasi in flagranti von mir im Bett überrascht wurden. Mary wollte mich eifersüchtig machen. Das, was sie dabei allerdings erreicht hatte, war, dass sie vom Discokellner schwanger wurde. Blöd gelaufen!

Ich jedenfalls machte einen dicken Schlussstrich unter diesen Lebensabschnitt.

***

Fazit: Auch wenn es schwer ist, so steh zu dem, wie du bist. Aber vergewissere dich auch, dass der Preis, den du dafür zahlen musst, den Einsatz wert ist.

9   Ich bau ein Haus und pflanz einen Baum!

Zum Leben gehört auch das Bauen eines eigenen Nestes. Natürlich entspringt das auch der Ambition, unabhängig zu sein, und dem Ehrgeiz, das geschaffene Eigentum stolz seiner Umwelt präsentieren zu können.

Bei mir kamen in dieser Lebensphase allerdings noch andere Motive hinzu: Als ich meinen ersten Freund Henry kennengelernt hatte, waren wir uns beide sehr schnell einig, zusammenleben zu wollen. Zur damaligen Zeit wohnte ich in der Dachgeschosswohnung eines Zweifamilienhauses auf einem abgelegenen Dorf.

Die Vermieter waren ein relativ junges kinderloses Ehepaar, das selbst mit im Haus wohnte. Er war ein kerniger Typ, Beamter und Hobbyjäger, und stets darauf bedacht, dass sich alles um Haus und Hof in einem ordentlichen Bild präsentierte.

Die Dachgeschosswohnung war gemütlich und Henry packte also irgendwann seine sieben Sachen und zog bei mir ein. Für uns war die Entscheidung klar und problemlos, für den Vermieter jedoch nicht .

Eines Abends klingelte es an unserer Wohnungstür und da stand er, der Hobbyjäger und Ordnungsmensch.

„Also, ich sehe, dass Sie nicht mehr allein hier leben, Herr Meinhardt", begann er, seinen anscheinend vorher auswendiggelernten Text vorzusprechen. „Wir hatten die Wohnung aber nur an Sie vermietet.“

„Ja“, erwiderte ich, „das ist Henry, er wohnt nun bei mir; die Wohnung ist ja groß genug für zwei.“

„Da hätten Sie uns vorher aber fragen müssen“, ließ uns der Kleinkapitalist und immer weiter zum Spießer mutierende Vermieter wissen. „Wir möchten das nicht in unserem Haus. Der Herr Henry möge also bitte wieder ausziehen.“

Wie erstarrt stand ich da und konnte nicht fassen, was ich gerade zu hören bekommen hatte. Er, seines Zeichens Tiertöter und Beamter, wollte nicht, dass zwei junge Männer gemeinsam in seinem ehrenwerten Hause lebten.

Sauer und ziemlich angegriffen erwiderte ich: „Nein. Das machen wir ganz anders. Ich kündige hiermit die Wohnung und wir ziehen in spätestens drei Monaten aus.“

„Das geht auch“, stimmte er zu, drehte sich auf dem Absatz um und ging zurück in seinen Teil des Hauses.

„Was für ein Idiot“, schimpfte ich und sah Henry verärgert an. „Wir suchen uns eine schönere Wohnung und der kann uns mal.“

Aber ab da begann für uns eine Zeit, in der wir unsere Erfahrung zum Thema: „Schwules Paar sucht Wohnung“ machen sollten.

Wir sahen uns in den kommenden acht Wochen mindestens 20 Wohnungen im Großkreis Kassel an. Immer waren die Vermieter zum ersten Besichtigungstermin, den meist nur einer von uns wahrnahm, äußerst freundlich und nett.

Aber jedes Mal, wenn wir die Vermieter dann wissen ließen, dass wir als Paar, bestehend aus zwei Männern, einziehen wollten, folgte eine Absage mit scheinheilig vorgebrachten Erklärungen. So war die Kündigungszeit von drei Monaten bald um und wir hatten noch immer nichts Neues gefunden.

Erst, als ich durch Zufall an einem Haus, fernab der nächsten Stadt und mitten auf dem Land, ein Schild mit der Aufschrift: „3-Zimmer-Wohnung zu vermieten" sah und dort klingelte, kam Bewegung in die Sache.

Ein nettes, älteres Ehepaar öffnete mir die Tür und zeigte mir eine sehr großzügige und schön renovierte Wohnung mit Balkon. Sie war eine etwas füllige und gemütlich wirkende Frau, die ein stetiges Lächeln in ihrem runden Gesicht zeigte. Ihr Mann war Westfale, das hörte man an seiner Aussprache, und ebenfalls ein freundlicher Zeitgenosse.

Ich erklärte unsere Situation und beide sagten uns spontan – und ohne Henry überhaupt gesehen zu haben – zu. Überglücklich und wissend, dass der Stress der Suche unter Zeitdruck endlich ein Ende gefunden hatte, rief ich Henry an, und nach einem zweiten gemeinsamen Besichtigungsbesuch bei dem freundlichen Ehepaar wurde der Mietvertrag unterschrieben.

Wir verbrachten dann zwei schöne Jahre dort, denn nachdem wir eingezogen waren, bemerkten wir schnell, warum uns diese Wohnung so spontan vermietet wurde. Wir waren mitten im Nirgendwo, weit weg von allem. Quasi auf dem platten Land. Aber wir hatten trotzdem sehr liebe Vermieter, die sich wie Eltern um uns kümmerten, und wir waren endlich zusammen und froh, gemeinsam leben zu können. Nur das zählte.

Eines wurde mir dabei jedoch klar: Nie wieder wollte ich im Leben von irgendjemandem abhängig sein. Mein neues Ziel hieß: unabhängig werden. Durch ein eigenes Haus, aus dem uns kein ehrenwerter Vermieter mehr rausekeln konnte.

Recht bald, nachdem ich einen neuen und gut bezahlten Job bekommen hatte, begann ich also, ein Haus nahe der Stadt in einem gerade neu erschlossenen Baugebiet zu bauen. Dazu übergab ich den Bauauftrag einem italienischen Architekten aus Kassel, der unser Haus mit seiner eigenen Baufirma erstellen sollte. Etwas stutzig wurde ich allerdings, als dieser sehr gepflegt und gutaussehende Jungunternehmer in einem knallroten Ferrari zur Baustelle kam.

Und als die Bodenplatte gegossen wurde, musste ich als Laie dann doch anmerken, dass der Bereich für den Treppenhausturm fehlte. Als ich ihn darauf aufmerksam machte, sagte er nur kurz angebunden: „Das ist kein Problem, den machen wir noch schnell dran."

Dann wurde der Keller hochgezogen, aber die Innenmauern waren krumm und schief. Bei einem weiteren Ortstermin mit dem Ferrari-Architekten erklärte er mir, dass junge Maurer-Azubis ja auch irgendwo mal üben können müssten. Und beim Keller sei das ja nicht so tragisch. Nachdem ich ihm klargemacht hatte, dass seine Azubis üben könnten, wo sie wollten, aber nicht an meinem Haus, wurde die schiefe Wand wieder eingerissen und neu gemauert.

So zeigte sich ein Fehler und Pfusch nach dem anderen an unserem neuen Eigenheim, und immer wieder hatte ich ziemlich stressige Unterhaltungen mit diesem kreativen Überflieger.

Aber dann kam der Tag, an dem die in der Endphase begonnenen Außenarbeiten am Haus plötzlich stillstanden. Keiner der Arbeiter war seit Tagen zur Baustelle gekommen. Der Architekt war unerreichbar und von seinem auffällig roten Auto war auch weit und breit nichts zu sehen.

Plötzlich, eines Abends, standen fünf Menschen, die ich nicht kannte, vor meiner Tür und gaben sich als

Baugeschädigte aus, die herausgefunden haben wollten, dass unser gemeinsamer Baumeister pleite sei. Man wolle solidarisch eine Gemeinschaftsklage einreichen und ich solle mich anschließen.

Ich setzte mich nach diesem merkwürdigen Treffen ins Auto, fand meinen hübschen Architekten spät abends in seinem Büro und stellte ihn zur Rede.

„Na ja, im Moment sind wir nicht so richtig liquide", erklärte er, „aber nicht pleite. Das ist gelogen."

Nachdem ich ihm von der avisierten Gemeinschaftsklage berichtete, war er sichtlich niedergeschlagen und entgegnete, dass die Bauherren auf diese Weise ihre Häuser auch nicht fertiggestellt bekämen. Er brauche einfach etwas mehr Zeit.

Ich erkannte schnell, dass bei ihm nicht mehr viel zu retten war und schlug ihm einen Deal vor: „Ich gebe Ihnen 20.000 Mark und Sie mobilisieren ihre Arbeiter, aber nur, um an meinem Haus die Außenarbeiten zu Ende zu führen – und zwar sofort. Damit haben Sie mehr Zeit, sich Geld zu besorgen und die anderen Bauherren zufriedenzustellen."

Er fand das eine großartige Idee und bedankte sich bei mir für den Zeitaufschub, den er dadurch bekam.

Und schon waren am Folgetag all seine Arbeiter auf meiner Baustelle und klopften, hämmerten, verputzten und strichen an unserem Haus herum, bis es tatsächlich fast fertig war. Fast! Denn eine Seite des Hauses war noch eingerüstet und unverputzt und es kam wieder kein Arbeiter mehr. Auch nicht am nächsten Tag. Es herrschte wieder gähnende Leere auf der Baustelle. Der Herr Architekt blieb dieses Mal unauffindbar und sein Büro war geschlossen.

Das war dann das Ende einer deutsch-italienischen Freundschaft, denn er war abgehauen, nach Hause, nach Bella Italia. Er war pleite und hatte viele Klagen verärgerter und geprellter Bauherren am Hals, die auf ihren Bauruinen sitzengeblieben waren. Ich hatte als Einziger ein fast fertiggestelltes Haus ergattert, wegen meines Deals mit ihm. Bis auf die eine Hauswand, die wir dann von einer anderen Firma fertigstellen ließen.

Wir aber konnten bald freudig in unsere erste Unabhängigkeit einziehen. Und wir waren so glücklich! Nie wieder sollte ein spießiger Vermieter über uns richten.

Dass im Nachhinein noch viele nervenzehrende Reparaturen am Haus vorgenommen werden mussten, die uns durch den Pfusch am Bau von den italienischen Maurer-Azubis hinterlassen worden waren, tat unserem Glücksgefühl keinen Abbruch.

***

Fazit: Der Weg in die Unabhängigkeit kann mühsam sein. Stress pur! Aber das Glücksgefühl danach ist unbeschreiblich.

10 Zur Yacht gekommen wie die Jungfrau zum Kind

Als Jugendlicher war ich naturgemäß in jugendlicher Naivität unterwegs. So hatte ich während der Zeit, in der ich Unmengen von Toilettenpapier für das Warenhaus orderte, nebenbei aktiv mit dem Verkauf von Waffeltüten und anderen süßen Sachen wie Zuckergussherzchen zum Umhängen mit Aufschriften wie *Ich liebe Dich* oder *Du bist mein Schatz* an sommerlichen Wochenenden aus einem Verkaufsanhänger heraus auf dörflichen Schützenfesten und Kirmessen mein Tun.

Dabei begleitete mich oft meine damalige Freundin Cindy. Sie war übrigens meine erste *richtige* Freundin und – wie man es auch betrachtet – die einzige in meinem Leben. Nach drei Jahren trennten wir uns schließlich. Die Zeit mit ihr jedoch war lustig. Und ich machte meine Erfahrung mit Frauen, um später eine klare Entscheidung treffen zu können, was meinen Lebenspartner anbelangt. Doch dazu später mehr …

Cindy und ich fuhren also allwöchentlich auf diese Märkte und fühlten uns bald wie die dortigen Berufsschausteller mit ihren Schießbuden und Autoskooter-Fahrgeschäften. Und wann immer ich konnte, unterstützte ich diese Leute, denn sie besaßen eigentlich nichts außer ihrer Freiheit. Und das imponierte mir!

Ich machte auf diesen Märkten echt gutes Geld und hatte schon bald ein ordentlich gefülltes Bankkonto. Das machte in der Freiwilligen Feuerwehr, bei der ich meinen zehnjährigen Bundeswehrersatzdienst absolvierte, schwer Eindruck. Einmal kam ich dienstags, wenn Übungsabend war, mit einem Porsche vorgefahren, ein andermal mit einem Opel Manta Sport. Zum Vergleich: Meine gleichaltrigen Kammeraden fuhren damals nur einen VW Käfer oder Fiat Bambino mit abgefahrenen Reifen oder herunterhängendem Auspuff.

In diesen Situationen musste ich immer zeigen, dass ein wirklicher Mann in mir steckte, denn nach jeder Feuerwehrübung, bei der es darum ging, ein imaginär brennendes Haus zu löschen oder einem simulierten Autounfall zu Hilfe zu eilen, wurde fleißig Bier getrunken. So viel, dass Autofahren eigentlich nicht mehr ging, aber wir wohnten schließlich auf dem Lande – und mein Onkel war damals der Polizist.

Abgesehen von diesen spektakulären Dienstagen war ich eigentlich ein völlig normaler Mensch. Und eines schönen Samstagmorgens las ich in der Wochenendausgabe des lokalen Käseblattes in einer Anzeige, dass die Einrichtungsgegenstände einer insolventen Kasseler Druckerei versteigert werden sollten. Das war genau das Richtige für mich! Ich schnappte mir meinen

Dad, der für solche Sachen immer zu haben war, und so fuhren wir zur angegebenen Adresse.

Uns erwarteten bereits hunderte anderer Leute, die ebenso wie wir vermeintliche Schnäppchen ergattern wollten. Wir waren allerdings zu spät dran. Es standen nur noch zwei Druckmaschinen und eine Menge Gerümpel zur Versteigerung.

Doch dann gingen wir in den Außenbereich und stießen auf den Auktionator und etwa zwanzig andere Schaulustige, die sich um ein dort abgestelltes riesiges Segelboot auf einem Trailer tummelten.

Mein Vater und ich schlichen um das Boot herum und ich war schwer beeindruckt davon, wie dieses Riesending hier so einfach im Trockenen herumstehen konnte.

Der Auktionator murmelte irgendwas in seinen Bart, ich schaute zu meinem Vater und sagte: „Für 10.000 würd ich den Kahn auch nehmen."

Und schon bestätigte der Auktionator lautstark exakt das, was ich sagte: „10.000 zum Ersten … zum Zweiten … und zum Dritten! Verkauft an diesen Herrn hier vorn!"

Ich schaute hoch und in Richtung des Sprechenden und der sehr bestimmend wirkende Herr schaute mich direkt an und nickte mir freundlich zu: „Ich bitte um ihre Anzahlung."

Mein Dad konnte es nicht fassen und auch der Auktionator reagierte ziemlich gelassen auf meine Erklärung, es müsse sich um ein Missverständnis handeln: „Sie sagten doch, Sie bieten 10.000 – und ich gab es Ihnen für 10.000. Wo ist also das Problem? Sie müssen es bitte noch in der kommenden Woche gegen Barzahlung hier abholen." Er übergab mir eine Art Quittung und verschwand.

„Was machen wir denn jetzt damit?", fragte mich mein Vater mit besorgniserregender Miene.

Ich entgegnete: „Auf gehts zum Segeln", zuckte mit den Schultern und fuhr am nächsten Tag in eine Autowerkstatt, um dort eine Anhängezugvorrichtung an meinem sportlich tiefergelegten Opel Manta anbringen zu lassen. Denn irgendwie musste ich dieses Monstrum eines Schiffes ja von dort wegbekommen.

In der gleichen Käseblattausgabe fand ich glücklicherweise noch eine andere Annonce: „Segelbootliegeplatz am Edersee zu vermieten". Ich rief an und machte den Deal perfekt. Ein paar Tage später holten mein Vater und ich das Boot aus Kassel und fuhren es an die Krahnstation am Edersee. Das Gespann sah schon ziemlich lustig aus, denn als ich den Bootstrailer an meinen sportlichen Manta ankoppelte, drückte er durch sein enormes Gewicht das Heck meines Autos nach unten und die Nase meines Mantas steil in die Luft. Und so gurkten wir im Schritttempo unserem Ziel entgegen. 35 Kilometer in drei Stunden … und hinter uns erklang ein Hupkonzert. Autsch!

***

Fazit: Achte darauf, was du sagst! Schnell hast du ein Segelschiff an der Backe, ohne es je gewollt zu haben. Vielleicht war das etwas too much.

11 Das Ding mit dem fehlenden Wasser

Den Sommer über segelten wir also fleißig und was das Zeug hielt über den Edersee. Eigentlich konnte ich mit solch einem acht Meter langen Schiff überhaupt nicht umgehen, aber der Junge, der den Hebekran bediente, um das Boot vom Autotrailer ins Wasser zu setzen, war clever und bot mir an, mir das Segeln beizubringen. Dies im Gegenzug dafür, dass ich ihm in meiner Abwesenheit wochentags das Boot überließ – damit er ebenfalls seinen Spaß haben konnte.

Ich lernte jedenfalls schnell und konnte das Segeln recht gut, und so machte mir die erste – und einzige – Yacht meines Lebens ungeheuren Spaß. Meine ganze Familie kam sonntags zum Bootssteg und brachte Essen und Getränke mit und wir machten gemütliche Picknicks auf dem Wasser. Meine Mutter und mein Vater waren besonders happy und stolz auf ihren Sohn, der ein Schiff besaß.

Allerdings übersah ich dann zum Saisonende hin tatsächlich eine entscheidende Sache: Im Herbst wurde nämlich das Wasser aus dem Edersee abgelassen. Ich wurde eigentlich wieder nur durch einen Zeitungsbericht darauf aufmerksam, weil eine Headline beim samstäglichen Frühstückslesen Folgendes vermeldete: „Wie jedes Jahr zu dieser Zeit ist der Edersee wieder leer und die Mauerruinen des damals gefluteten Dorfes Berich werden sichtbar".

Als ich das las, bohrte sich förmlich ein Schwert in meinen Bauch und ich schrie: „Wir müssen sofort zum See, das Boot, das Boot!" Ich ahnte während der Fahrt in Richtung meiner glanzvollen Yacht Fürchterliches und meine Befürchtungen sollten sich bei meiner Ankunft bewahrheiten.

Da lag es – im Schlamm und auf der Seite, mein schönes Schiff, dazu allein, alle anderen Boote waren längst aus dem Wasser gehievt worden. Mein Herz schlug wild vor Verzweiflung und ich war totunglücklich. Dieser körperliche Zustand hielt etwa zwanzig Sekunden lang an, dann schmiedete ich einen Plan, um möglichst kostengünstig aus dieser prekären Lage herauszukommen.

Damals war das Internet noch *future world*. Zur Kommunikation und Information wurden noch Zeitungen genutzt. Und so gab ich schnell eine Verkaufsanzeige für das Boot auf und bot es für schlappe 10.000 DM zum selbst Herausfischen aus dem Edermorast an.

Kurz und gut, es meldete sich tatsächlich ein Interessent, der mein Schiff inklusive des darin noch befindlichen Fernstechers meines Vaters und meiner gelben Gummistiefel kaufte. Viel wichtiger aber war:

Ich war das Ding los, und damit auch den Ärger mit dem Rausheben aus dem Schlamm, und ich hatte mein Geld zurück. Das Gefühl aber, einen Sommer lang stolzer Yachtbesitzer gewesen zu sein und jedem in meinem Umfeld damit imponieren zu können, war geblieben und unbeschreiblich schön.

***

Fazit: Manchmal sind es die Zufälle, gemixt mit einer Portion unverschämten Glücks, die dir den Sommer versüßen. Glück gehabt = positiver Stress!

12 Mein Urlaub an der Adria – oder: Der verlorene Backenzahn

Ich besaß nun zwar kein Segelboot mehr, dafür aber einen tiefergelegten Manta mit Anhängerkupplung, was will man mehr?

Mein neuer Freund Henry, den ich in Kassel kennengelernt und mit dem ich dann auch einige Zeit meines Lebens liebevoll verbracht hatte, erzählte mir damals von Jugoslawien und der schönen Insel Krk. Wir erkundigten uns und fanden eine Privatunterkunft zum günstigen Preis. Denn die jugoslawische Adria war damals noch ein Geheimtipp und kostete nur etwa die Hälfte dessen, was man an der gegenüberliegenden, italienischen Küste bezahlte. Also fuhren wir los und waren gespannt und heiß auf Urlaub am Meer.

Henry war ein attraktiver, 1,86 Meter großer, südländisch wirkender Typ und wir beide zusammen, er mit schwarzen und ich blonden Haaren, waren stets Hingucker. Nach zwei Reisetagen kamen wir auf der Sonneninsel Krk an und unsere Herbergsmutter war eine liebevolle und darüber hinaus ziemlich dickliche und gemütliche Frau, die uns in ihrem schönen Dorfhaus wohl behütete.

Wir fanden auch schnell unseren Traumstrand: Nur eine Böschung weiter runter und wir waren direkt am azurblauen glasklaren Wasser und weißen Sandstrand. Dort befanden sich nur eine Handvoll Leute, es waren teilweise Einheimische und auch einige Deutsche darunter, wir alle genossen diesen Geheimtipp.

Nach nur drei Tagen Sonnenbaden trat bei mir das auf, was kein Mensch bei fünfunddreißig Grad Hitze im Schatten braucht: Zahnschmerzen. Es begann langsam. Morgens, als wir uns, wie auch die Tage zuvor, an unseren Strand betteten, trat das leichte Pochen und der Druckschmerz beim Essen erstmals auf. Bereits am nächsten Tag jedoch wurde dieses Pochen immer intensiver und stärker. Ich lag gequält mit Henry am Strand und die Sonne schien auch noch mit solch ungeheurer Wucht in mein Gesicht, dass der Bakterienherd, der sich unter meinem Backenzahn bereits ausgebreitet hatte, stündlich wuchs. Ich musste irgendetwas tun und da war ja auch noch unsere Herbergsmutter Hanna, sie schickte uns schnurstracks zum örtlichen Dentisten. Dort angekommen klingelte ich und ein älterer Herr öffnete uns die Tür. In meinem damaligen schlechten Englisch machte ich ihm verständlich, dass ich ein riesiges Problem im Mund hatte, und er bat uns herein.

Es war ein Privathaus und ich saß schneller auf einer Art Behandlungsstuhl im Wohnzimmer, als mir lieb war. Dann öffnete sich eine Falttür zum Esszimmer und da saß sie: die gesamte Familie des Zahnarztes, die wir anscheinend gerade beim Mittagessen angetroffen hatten.

Ich bekam vom Doc in gebrochenem Englisch Instruktionen; Henry hielt mein Händchen und meinte, ich müsse nun stark sein, und ich krallte die Finger meiner anderen Hand in die Stuhllehne.

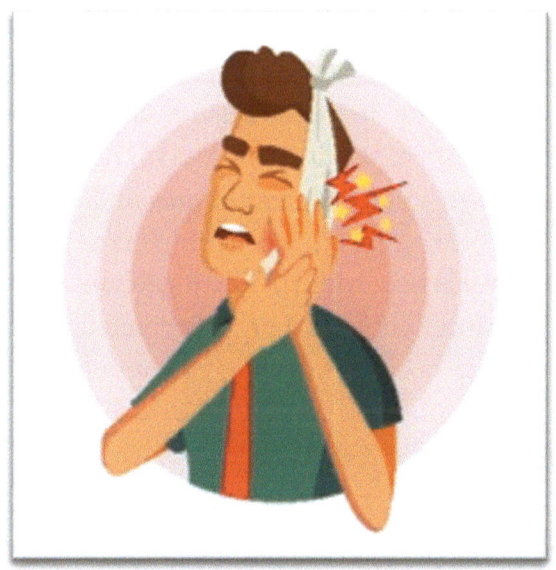

„Sorry, no anesthetic, no Spritze", so versuchte der vermeintliche Zahnarzt, mir klarzumachen, dass es ans Zahnziehen ohne Betäubung ging. Er setzte seine Zange an und allein der Umstand, als er damit den

Zahn berührte, ließ mich aufschreien, aber erst dann gings tatsächlich zur Sache.

Es tat höllisch weh, als er robust, aber zielsicher an meinem Backenzahn hin- und herriss, um schließlich diesen Tyrannen von Zahn und dessen drei tierisch lange Wurzeln triumphierend an seiner Zange in die Luft hielt.

„And nix abgebrochen", erklang dann der anscheinend krönende Höhepunkt seines zahnärztlichen Wirkens an diesem Tag.

Ich hatte nicht nur das Gefühl, einen Riesenzahn verloren zu haben, sondern auch noch meine Sehkraft, denn alles sah verschwommen aus und mein Mund war voller Blut, weshalb ich kein Wort sagen konnte. Mein Superarzt bemerkte dies und gab mir Zeichen, ich solle das draußen auf dem Bürgersteig entsorgen. Innerhalb der nächsten dreißig Sekunden – und nach der Geldübergabe von 50 DM – verfrachtete er uns auf ebendiesen.

Von da an hatten wir einen sorglosen und unbeschreiblich schmerzfreien Resturlaub auf der Insel Krk. Schön wars!

***

Fazit: Unverhofft kommt oft. Aber problemlos geht bei mir offenbar gar nichts.

13 Hops und Tops

Sieben gute Jahre als Produktmanager waren äußerst positiv für meinen Lebenslauf. Ich kreierte für diesen ach so konservativen Konzern, der eigentlich nur Rohstoffe und Futtermittel aus Salz herstellte, feinste Speisesalzmarken wie beispielsweise das Superwürzig Jodsalz. Nie werde ich dessen Präsentation beim Vorstand der AG vergessen.

Der Vertriebsvorstand war ein recht alter, stabil gebauter Herr, ein Haudegen alter Schule, der gefühlte 50 Meter von der Büroeingangstür hinter seinem riesigen Schreibtisch hockte. Neben ihm stand mein Bereichsleiter, ein schlanker, grauhaariger und fein angezogener Direktor wie aus einem Schnulzenfilm, der mir ein Handzeichen gab, näherzukommen.

Ich schlich mich also lautlos an diesen zur Festung ausgebauten Schreibtischplatz heran und als ich in Sichtweite war, bemerkte ich, dass unser Oberfeldherr bereits den Packungsdummy des Superwürzig in der Hand hielt und damit rumfuchtelte, als erwarte er, noch irgendetwas zusätzlich auf der Unter- oder Rückseite der Packung zu finden. Diese war übrigens komplett gelb, eine Farbe, die ich vorher von einem Institut testen gelassen hatte und die dem Verbraucher Jod suggerieren sollte.

Er schaute kurz zu mir auf und sagte schließlich: „Superwürzig ... hm ... komischer Name für ein Salz. Und die Packung sieht ja aus wie Pisse!"

Das schlug ein – wie eine Faust in meine Magengrube, aber ich ließ mich nicht beirren, hüpfte vergnügt hinter seinen Schreibtisch und damit auch hinter ihn selbst und erklärte ihm lang und breit die durchgeführte Studie und das damit verbundene Alleinstellungsmerkmal dieses Produktes.

Er drehte den Kopf seitlich, ganz langsam wie in Zeitlupe, zu mir hoch und sagte schließlich: „Das reicht, Herr Meinhardt. Sie können gehen."

Ich war verdutzt, jedoch überzeugt von meinem Auftritt und sauste hinaus in die Freiheit des langen Büroganges.

Zehn Minuten später ließ mich mein Bereichsdirektor zu sich in sein Büro rufen und sagte dann: „Also, Herr Meinhardt, wissen Sie, was mir eben unser Vorstand sagte? Er sagte: ‚Das war das erste Mal in meinem beruflichen Leben, dass sich ein Angestellter einfach so und ohne Hemmungen hinter mich gestellt hat. Ich glaube, mein lieber Direktor, wir müssen akzeptieren, dass sich die Zeiten gerade ändern.‘ Und dann sagte er noch etwas: ‚Okay. Meinhardt hat überzeugt. Wir gehen damit auf den Markt.‘ Ich gratuliere Ihnen, Sie können mit dem Superwürzig loslegen."

Nach dem Superwürzig kamen noch andere Superprodukte, die ich entwarf. Unter anderem ein Badezusatz namens Badespaß. Dessen Slogan war dann meiner Kreativität hoch zwei (genauer gesagt: hoch einer Million) geschuldet: Badespaß macht Spaß! – Leider wurde Badespaß ein Flop.

Ich beendete das Arbeitsverhältnis dann selbst und wurde Partner in einer Werbeagentur für Industriegüter. Ach so, ja, und dann hab ich zwischendurch noch zwei Häuser gebaut, eines davon wieder verkauft und das zweite war dann das, indem wir schließlich glücklich leb(t)en.

Wir, das waren mittlerweile ich und mein männlicher Partner Ben, der zum damaligen Zeitpunkt gerade einmal knappe 18 Jahre jung war, sich in einer Ausbildung zum Koch befand und bei mir nicht mehr lockerließ. Übrigens bis heute nicht ... seit also fast 28 Jahren!

***

Fazit: Der neue Job mit seinen vielen Erfolgen, der Hausbau und was noch so an Veränderungen in diesem Abschnitt zusammenkam: Lebenserfahrung pur.

14 Vergeude niemals deine Lebenszeit

Es waren nun schon nahezu sieben Jahre, dass ich als Marketing-Mitarbeiter in der Zentrale eines großen deutschen Konzerns arbeitete. Irgendwie gefiel mir dieser Job, den ich damals direkt nach meinem BWL-Studium begann, gar nicht mehr. Angeblich sollte man froh sein, eine solch sichere Stelle zu haben, in diesen unsicheren Zeiten, die wir angeblich damals gehabt haben. Aber ich habe auch gelernt, dass kein Job sicher ist und die sogenannten unsicheren Zeiten eigentlich immer da sind.

Ich ging also, wie jeden Tag, morgens um acht Uhr früh in mein Büro im siebten Stockwerk des Hochhaustraktes, stempelte meine Zeitkarte ab und setzte mich, wie seit Jahren, an meinen Schreibtisch. Mir gegenüber saß, ebenfalls seit Jahren, mein zwei Jahre jüngerer Kollege, Gunther Sasse, der bereits genüsslich seinen Becher Kaffee schlürfte und Zeitung las. Ich dachte, das ist ja wie in *Und täglich grüßt das Murmeltier*, und konnte meine depressive, schlechte Laune, die aus dieser wiederholenden Litanei resultierte, kaum unterdrücken.

„Na, Michel, schlecht geschlafen?", dröhnte mir Gunther entgegen und schaute mich fragend an. Ich, der ich als der stets lachende und gut aufgelegte Michel bekannt war, starrte entgeistert und ernst zurück. Und dann schossen mir plötzlich erschreckende Gedanken durch den Kopf und ich antwortete, wie es klarer nicht hätte sein können: „Sasse, ich kann deine Visage nicht mehr sehen."

Ich stand auf und ging aus dem Zimmer. Was hatte ich da gerade gesagt? Wie konnte ich nur so etwas Beleidigendes zu einem Kollegen, der keiner Fliege etwas zu Leide tun konnte, sagen? Und dennoch war ich voller Frust und überlegte, wie ich das alles hier sieben Jahre lang ertragen hatte. Sieben Jahre lang, jeden Tag acht Stunden meines Lebens – verschwendet. Sieben Jahre lang hatte ich nichts Neues erlebt, immer mit denselben Gestalten zu tun gehabt und, was am schlimmsten war, ich konnte keine Perspektiven für Veränderungen erkennen. Das war einfach zu viel. Ich musste jetzt reagieren, sonst würde ich verrückt.

„Was soll ich tun", dachte ich. Nach dieser Ansage konnte ich nicht wieder zurück und so tun, als wäre nichts gewesen. Also ging ich in mein Büro. Sasse glotzte – wie zu erwarten war – in seine lokale Tageszeitung und las die Sportergebnisse seines Dorffußballvereins, der am Samstag gespielt hatte. Er nahm im Prinzip keinerlei Notiz von mir und tat das Ganze irgendwie als schlechte Laune ab. Ich schnappte mir mein Sakko, das über meinem Stuhl hing, zog es an und verließ den Raum. Auf dem gefühlt tausend Meter langen Flur, der wie ein Schlauch wirkte, von dem aus rechts und links Türen in die einzelnen Büroräume führten, setzte ich mich zielsicher in Richtung Chefbüro meines zuständigen Bereichsdirektors in Bewegung.

Dort angekommen klopfte ich kurz und entschlossen an, holte noch einmal tief Luft, drückte den Türknauf nach unten und stand vor dem kleinen Schreibtisch der Sekretärin, die mich mit großen Augen anschaute.

„Guten Morgen, Frau Schmoll, ich muss den Chef sprechen. Jetzt gleich", sagte ich und stand da, wartend auf eine freundliche Reaktion.

Aber alles, was ich erntete, war ein kurzes: „Das geht jetzt gar nicht, Herr Meinhardt, der Chef muss gleich in eine wichtige Sitzung und heut Nachmittag fährt er für den Rest der Woche auf Dienstreise."

Etwas verdattert starrte ich Frau Schmoll an, überlegte kurz, drehte mich blitzschnell auf dem Absatz um und öffnete mit einem Ruck die Tür des Direktors.

Und da saß er hinter seinem Schreibtisch, eine Zigarette in den Fingern, sich über irgendwelche Akten beugend, beschäftigt, blickte fragend in meine Richtung und ich erkläre: „Herr Direktor, ich habe ein Problem!"

Frau Schmoll war bereits aufgesprungen und ich spürte ihren Atem in meinem Nacken. Kurz vor dem Zubeißen.

Sie wollte gerade etwas sagen, als unser Chef rief: „Komm rein, Meinhardt, und machen Sie bitte die Tür zu, Frau Schmoll. Vielen Dank."

„Was ist denn los, wo drückt der Schuh", fragte mich mein sehr persönlich und emphatisch reagierender Direktor Kaufmann. Seine Augen waren ein wenig blutunterlaufen, vielleicht vom vielen Rauchen, aber sein Blick wirkte auf mich menschlich und beruhigend.

„Nun, Herr Dr. Kaufmann, ich habe ein riesiges Problem. Ich bin nun schon so lange hier und irgendwie geht es nicht weiter für mich. Ich fühle, dass ich in diesem Unternehmen nicht weiterkomme."

„Wie lange sind Sie denn nun schon bei uns, lieber Herr Meinhardt", fragte mich Dr. Kaufmann.

„Sieben Jahre. Und ich tue immer noch das Gleiche wie seit dem ersten Tag", entgegnete ich.

„Sieben Jahre. Mann, das ist doch gar nichts. Ihre Kollegen sind ja schon viel länger hier und fühlen sich wohl. Das Team ist gut und für Sie ist gesorgt. Wo ist das Problem? Ich habe jetzt leider wenig Zeit, aber ich schlage vor, dass Sie in drei Jahren noch einmal zu mir kommen und dann reden wir über Ihren nächsten

Schritt. So, und nun entschuldigen Sie mich, ich muss mich für eine Präsentation beim Vorstand vorbereiten", er drehte den Kopf wieder in Richtung Akten auf dem Schreibtisch und ließ mich stehen.

Bedeppert drehte ich mich um und verließ das Büro. Draußen auf dem Gang angekommen verweilte ich einige Minuten angelehnt an der Wand und die Worte des Direktors gingen mir durch den Kopf.

„Was hat er gesagt? Ich soll in drei Jahren wiederkommen? Und dann? Was passiert dann???"
Ich verstand langsam, aber sicher, dass ich die Anweisung bekommen hatte, die nächsten drei Jahre weiter ohne Veränderung in meinem Büro zu sitzen, meine eintönige Arbeit zu machen und die Visage vom Sasse allmorgendlich weiterhin zu ertragen.

Mir wurde immer klarer, dass ich in einer Sackgasse saß und es nur eine Frage von Jahren wäre, bis ich das alles dort so akzeptierte, und genauso ein zielloser Zombie werden würde wie all die anderen dort.

„Das geht nicht. Das will ich nicht. Auf keinen Fall", brüllte ich mich selbst an und ging zurück.

Ich riss die Bürotür des Direktors auf, der hochschauend fragte: „Is noch was?"

Und mit hochrotem Kopf brachte ich heraus: „Ja. Ich kündige hiermit."

Nun stand Herr Kaufmann aus seinem riesigen Chefsessel auf, kam mir entgegen, fasste mich am Arm und drückte mich in einen Sessel vor seinem Tisch. „Nun mal langsam, mein lieber Meinhardt", stellte er mit beruhigender Stimme fest, blickte dabei zur Eingangstür, in der entsetzt der Vorzimmerterrier namens Schmoll stand und gab ihr zu verstehen, die Tür von außen zuzumachen.

Dann setzte er sich neben mich und begann auf mich einzureden. Man könne ja schon mal überlegen, was mein nächster Schritt sein könnte. Und er könne sich auch vorstellen, mir einen Dienstwagen zu genehmigen, denn ich solle ja auch langsam mal die Kunden, die ich bisher nur mit dem Abteilungsleiter zusammen kennengelernt hatte, selbständig besuchen. Und er stellte mir in Aussicht, bald einmal darüber nachzudenken.

Ich sagte, und plötzlich war ich die Ruhe selbst und mir meiner Sache so sicher wie nie zuvor, dass ich es sehr schätzte, aber ich wirklich nicht weiter dortbleiben könne. Es gäbe für alles eine Zeit und meine sei nun hier und heute abgelaufen: „Ich gehe."

Es gab noch viele Gespräche bis zu meinem Ausscheiden aus dem Unternehmen und auch viele edle Versuche, mich dazubehalten, aber mein Entschluss stand unwiderruflich fest. Ich musste gehen, denn andere neue Dinge meines Lebens warteten auf mich. Und so verschwand recht bald die Visage des guten, alten Kollegenfreundes Sasse vor meinen Augen. Nicht böse gemeint, lieber Herr Sasse. Da hätte auch ein Schmidt oder Müller sitzen können. Dem hätte ich das auch gesagt.

Lächelnd packte ich am letzten Tag meine wenigen persönlichen Sachen, verabschiedete mich von allen, empfing Umarmungen und gute Wünsche und als ich die Hand des Herrn Direktor Kaufmann gedrückt bekam, sagte dieser: „Alles Gute für Sie, mein lieber Herr Meinhardt. Sie machen das schon. Und ich hoffe, wir sehen uns einmal wieder." Sein herzensguter Blick wird mir immer in Erinnerung bleiben. Und er sollte recht behalten: Wir sahen uns wieder. Dazu später mehr …

***

Fazit: Warte nicht zu lange auf etwas, das nicht kommt. Verlasse deine Komfortzone, sobald du merkst, dass deine Ziele in Gefahr sind. Steh auf!

15 Vertrauen ist gut – Enttäuschung oft das Ergebnis

Ich hatte mich also freigemacht von sieben Jahren Unterdrückung meiner Gefühle, meinen dahinschwindenden Träumen und Zielen. Ich konnte endlich wieder frei atmen. Jetzt, mit offenen Augen hinaus in die Welt, und ich freute mich auf Neues.

Und da war er auch schon. Der, der mir dabei helfen sollte, meine neuen Wege zu gehen. Herr Rock. Hans-Günther Rock. Inhaber einer Werbe- und Marketingagentur. Wir kannten uns aus vielen Meetings in meiner gerade hinter mich gebrachten, ehemaligen Firma und er sprach mich an, als wir uns zufällig trafen und sagte: „Hallo, Herr Meinhardt. Ich hörte, Sie haben gekündigt. Toll. Bravo für diese mutige Entscheidung."

Das schmeichelte mir. Ich erklärte ihm in kurzen Worten warum und weshalb, und da war endlich mal einer, der mich verstand. Der mir Mut zusprach und mir ein gutes Gefühl vermittelte. Alle anderen, ob mein Freund oder meine Eltern, waren ziemlich entrüstet über das, was ich da veranstaltet hatte.

Nun war er da, direkt vor mir: Der große Versteher. Herr H.-G. Rock. „Toller Mann", dachte ich. „Der weiß, was ich empfunden habe." Ich hatte auch Respekt vor ihm, denn er war Dialysepatient. Seine Nieren waren hinüber und er tat mir leid. Um so mehr war ich stets begeistert, wenn wir uns trafen, denn er war immer gut gelaunt und hatte Witze parat. „Ich mache Ihnen einen Vorschlag, Herr Meinhardt", sagte er zu mir, als wir uns wieder einmal auf einen Kaffee sahen. „Sie können in meiner Agentur Partner werden. Mit zehn Prozent, was halten Sie davon?"

Ich war spontan begeistert von diesem Vorschlag. Ich sollte quasi selbständig werden. Mit einem Firmenanteil. Ohne einen Chef vor der Nase. Dazu ein beachtliches Gehalt und einen großen Dienstwagen mit Telefon. Na ja, damals war ein Autotelefon eher etwas Privilegiertes. Etwas, was sich der Normalverbraucher nicht leisten konnte. Und so ein Ding war im Auto fest installiert und hatte die Dimension eines Reisekoffers. Aber der Gedanke daran, Chef zu werden mit Dienstwagen und Telefon, war berauschend.

Nach ein paar Tagen Überlegungszeit rief ich Herrn Rock an und sagte zu. Wir vereinbarten einen Vertrag, demzufolge ich quasi der dritte Teilhaber wurde und meine Aufgabe dadurch definiert war, Neukunden für die Agentur aus dem Industriebereich zu akquirieren. Zusätzlich zahlte ich einen Betrag von 50.000 DM an die beiden bestehenden Inhaber der Agentur, die mir je fünf Prozent ihrer Anteile verkauften.

Mann, was war ich *blond* und gutgläubig zu dieser Zeit. Wovon hatte ich da nur geträumt, als ich dachte, dass dies ein Job des Honigschleckens und der gebratenen Täubchen würde. Bald schon merkte ich, dass es gar nicht so einfach war, neue Kunden zu finden. Pausenlos, tagein, tagaus, telefonierte ich mit möglichen Potentialen, wie wir es ausdrückten, um zumindest einen Termin für eine Präsentation unserer Dienstleistung zu erhaschen. Es war Knochenarbeit und erst nach der vierten Woche hatte ich Glück und ein möglicher High Potential sagte zu.

H.-G. Rock und ich machten uns also mit dem neuen 7er BMW meines sogenannten Partners auf dem Weg nach Detmold, um dort diesen Neukunden zu treffen. Rock war Kettenraucher und so hielten wir alle 50 Kilometer, damit er seine filterlose Zigarette in sich hineinsaugen konnte. Als wir so schon eine Stunde im Auto unterwegs waren, begann er plötzlich, unverständliches Kauderwelsch zu reden, ja eher zu lallen wie ein Betrunkener.

„Ja, ja, dieser Meinhardt", lallte er, „der vögelt auch alles, was nicht bei drei auf den Bäumen ist."

Ich dachte: „Hä? Was redest du da für einen Mist?"

Und er weiter, dabei wie ein Betrunkener über dem Lenkrad hängend: „Die Weiber wollen nur das Eine. Und sonst ist denen alles egal."

Ich war so perplex und vor den Kopf gestoßen, dass ich ihn bat, mal rechts ran zu fahren. Ich dachte wirklich, er hätte was getrunken, und ich musste ihn dazu bringen, das Auto anzuhalten.

Doch dann kam mir der rettende Gedanke: „Der Typ ist nicht blau. Der ist unterzuckert", denn ich erinnerte mich an ein Gespräch mit ihm, worin er mir einen ähnlichen Vorfall schilderte. Ich griff ins Handschuhfach, fand ein paar Kekse und steckte ihm einen in den Mund, den er dann langsam aß.

Und blitzartig war er wieder bei klarem Verstand. Schaute mich an und fragte, ob er etwas Komisches erzählt habe. Scheinbar redet er im unterzuckerten Zustand immer so perverse Sachen. Und gibt sich damit so, wie er eigentlich ist.

Ich verneinte, sagte, es sei alles gut, und schlug ihm vor, das Lenkrad zu übernehmen. So wurde dann aus dieser Fahrt und auch dem Meeting in Detmold ein guter und erfolgreicher Tag für uns. Ich hatte meinen ersten Kunden gefunden und die andere Seite des Herrn H.-G. Rock kennengelernt.

Das ging fast zwei Jahre so. Ich mühte mich tagtäglich ab, neue Kunden zu finden, und wir überzeugten auch einige und konnten unseren Umsatz stark erhöhen.

Eines Morgens, als ich allein im Büro saß und einen Kaffee trank, kam unsere Halbtagsbuchhalterin, Frau Ahhaus, zu mir in mein Büro und wir schwatzten ein bisschen, so, wie wir das schon öfter gemacht hatten. Frau Ahhaus war eine attraktive und sehr sympathische Endfünfzigerin und wir konnten gut miteinander. An diesem Morgen verzog sie jedoch ihr Gesicht eher ernsthafter, verziert mit einer Sorgenfalte auf der Stirn.

„Herr Meinhardt, ich muss Ihnen mal was sagen", begann sie und fuhr fort: „Sie sollten einmal einen Blick auf die Geschäftskonten werfen. Ich weiß, dass ist eigentlich in der Verantwortung Ihres Kollegen Rock, aber ich empfehle es Ihnen. Sie haben so viele Kunden gebracht, wir haben gut zu tun und dennoch ist das Konto eine halbe Million im Minus."

Ich war wie versteinert und bekam kaum noch Luft. Ging ich doch davon aus, dass es unserem Unternehmen gutging. Und nun diese Offenbarung. Wo war das Geld? Was war passiert?

Nach genauerer Recherche wurde klar, dass Herr Rock in den letzten Monaten Geld vom Konto abgezogen hatte. Warum? Das war die große Frage. Ich wartete auf H.-G. Rock und als er in seinem gläsernen Büro saß, wir hatten ausschließlich verglaste Wände in den Büros, sodass jeder jeden sehen konnte, ging ich schnurstracks zu ihm und stellte ihn zur Rede.

„Es fehlt Geld auf dem Geschäftskonto. Was ist damit passiert?" fragte ich mit unmissverständlicher Stimme und hochrotem Kopf. Er schaute mich sitzend, mit seiner Zigarette in der Hand, mit großen Augen und finsterer Miene an und entgegnete: „Das geht Sie gar nichts an. Ich bin für die Finanzen zuständig."

Ich entgegnete: „Das ist auch mein Geschäft und ich will sofort wissen, was Sie mit unserem Geld gemacht haben." Da lachte er laut und wies mich darauf hin, dass ich lediglich zehn Prozent der Anteile besäße und überhaupt nichts zu fordern habe.

Ich platzte fast vor Wut. Hatte ich mich doch zwei Jahre für diesen Laden aufgeopfert, den Umsatz fast verdoppelt, und dieser Mistkerl machte mir gerade klar, in welcher Ecke mein Stuhl stand. Mit zehn Prozent gegen neunzig. Ich verlor die Kontrolle, lehnte mich auf den vor ihm stehenden überdimensional großen Besprechungstisch, griff seine Krawatte und zog ihn zu mir in meine Richtung. So lag er schließlich mit seinem Oberkörper halb auf dem Tisch und versuchte, nach Luft zu schnappen.

Dann schrie ich ihn an: „Verdammter Kerl. Du bescheißt mich hier im Büro, während ich mir da draußen am Markt den Hintern aufreiße und für Neugeschäfte sorge. Wo ist das Geld?"

Kaum hatte ich das gesagt, bemerkte ich, dass so ziemlich alle Mitarbeiter in den umliegenden Räumen unseren Streit durch die Glasscheiben verfolgt hatten und stehend zusahen, was da gerade passierte. Ich ließ also von ihm ab, er setzte sich wieder und zupfte seine Krawatte zurecht. Und dann kam etwas, was ich nicht erwartet hatte: Er fing an zu weinen, beteuerte, dass es ihm leidtue, er mit dem Geld Eigentumswohnungen im Rotlichtmilieu gekauft habe, die er mit Gewinn für uns alle wieder verkaufen wollte. Aber nur Ärger damit habe. Und dass er etwas Zeit zur Regelung benötigte.

Mir wurde klar, dass ich einem Typen auf den Leim gegangen war, der mich mit einem großen Auto und Gardinen am Bürofenster geblendet hatte. Mit falschem Lachen und Freundlichsein und mit fiesen Frauengeschichten, wie sich später herausstellte.

Es wurde mir auch schlagartig klar, dass ich hier all mein Vertrauen verloren hatte, und ich darum keine Minute länger mit diesem Mann arbeiten wollte. Also drohte ich ihm mit einer Anzeige, bot ihm aber auch die Chance, im Falle, dass ich mein Geld innerhalb einer Woche ausgezahlt bekäme, keine Ansprüche gegen ihn geltend zu machen. Er stimmte zu und so war ich meinen Job los und meinen Träumen wieder einmal ein Stück entfernter als zuvor.

Frau Ahhaus vermittelte mich später noch über ihren Mann zu meinem nächsten Arbeitgeber, bei dem ich dann tatsächlich 20 Jahre lang sein konnte.

***

Fazit: Traue keinem, der dich dauernd anlächelt. Und ab und zu mal auf die Kontoauszüge schauen. Es hilft.

16 Kennenlernen mit Hindernissen

Durch eine Zeitungsanzeige sollte ich meinen zukünftigen Mann kennenlernen. Allerdings war mir das bei unserem ersten Treffen vor 28 Jahren nicht bewusst. Es trug sich wie folgt zu: Nachdem ich mich getraut hatte, eine Kontaktanzeige im hiesigen Werbeblättchen zu schalten, meldeten sich ziemlich viele junge Männer. Aber der Tenor der Antworten war immer sehr ähnlich, sodass ich recht schnell das Interesse verlor, überhaupt irgendjemandem zu antworten.

Nach über zwei Wochen, seit dem Erscheinen der Anzeige, flatterte doch noch ein Brieflein in mein Haus und ich war ziemlich überrascht, dachte ich schon längst nicht mehr über diese Sache nach. Ich öffnete also den Brief und begann zu lesen, ohne auch nur einen Hauch von Hoffnung aufkommen zu lassen, dass etwas Außergewöhnliches und Interessantes darinstehen könnte.

In einer fast nicht lesbaren Krakelschrift stand dort geschrieben, dass ein 18-jähriger Azubi aus einem kleinen Städtchen, 30 Kilometer entfernt, meine Anzeige toll fände und mich unbedingt kennenlernen wolle. Und dort stand, dass er kein Foto habe, er sich aber bei der Bravo als Gesicht des Jahres beworben habe. Darum sei ja klar, dass er sehr gut aussähe.

Ich dachte: „Hä? Bin ich hier im Kindergarten gelandet oder wo sind die wahren Männer dieser Republik?" Ich war zu diesem Zeitpunkt 34. Ich nahm den Brief, zerknüllte ihn und warf ihn in eine Ecke. Am Abend trank ich dann gemütlich ein oder zwei Gläser Wein, was sich positiv auf meine Allgemeinstimmung auswirkte. Nachdem ich mit ein paar Freunden telefoniert hatte und im Fernsehen nichts Gescheites zu sehen war, erinnerte ich mich an den Brief. Ich stand auf und fand ihn in einer Ecke unter dem Schreibtisch, zerknüllt, wie ich ihn zuvor dorthin geworfen hatte. Ich glättete ihn mit den Innenflächen meiner Hände und las ihn noch einmal langsam und bedächtig.

Irgendetwas machte mich neugierig. „Was denkt sich ein 18-jähriger Junge dabei, einem ausgewachsenen Männchen, wie ich es bin, einen solchen Brief zu schreiben? Ich habe doch mein Alter in der Anzeige angegeben. 17 Jahre Unterschied, wie soll das denn funktionieren?" Dann sah ich oben links in der Ecke eine Telefonnummer. Eine Festnetznummer. Handys gab es zu dieser Zeit so gut wie keine. Ich goss mir noch ein Gläschen französischen Rotwein ein und wählte die angegebene Nummer. Es klingelte nur zweimal und dann meldete sich eine sehr junge Stimme: „Ben Stammler, guten Abend."

Ich war überrascht von dieser Schnelligkeit, aber auch Höflichkeit des Telefonempfangs. „Also, hier ist der Michel, du bist Ben?" sagte ich und es trat eine sich lang anfühlende Pause ein.

„Du hast mir auf meine Anzeige geschrieben. Hier bin ich nun", versuchte ich die Pause zu unterbrechen.

„Äh, ja, also, ja ich bin Ben, wo wohnst du?", fragte er mich und ich war erstaunt, gleich eine Frage zu erhalten.

„Ich wohne hier bei Kassel und hätte da auch mal eine Frage. Warum schreibst du mit 18 Jahren einem 34-jährigen Mann. Was genau suchst du?"

„Ich finde reife Männer interessant, das ist alles" entgegnete Ben und für mich schien dies eine vernünftige Antwort zu sein.

„Na ja", begann ich weiter, „ich suche eigentlich jemanden in meinem Alter, aber du klingst sehr sympathisch und wenn du magst, können wir uns ja mal treffen."

„Morgen Abend hab ich Zeit", schoss die Antwort zurück wie ein Blitz. „Ich kann mit der Bahn nach Kassel kommen."

„Okay, das geht, morgen also, am 29. August, können wir uns am Bahnhof treffen. Kennst du den Südeingang? Genau da. 18 Uhr. Okay?"

„Ja gern. Ich werde da sein", bestätigte Ben und wir beendeten das Gespräch.

Ich dachte: „Jetzt ist das der Einzige, den ich aus all den Zuschriften tatsächlich treffe, und dazu noch so ein Jungspund. Eigentlich gar nicht das, wonach ich suche."

Am nächsten Tag gegen 17.30 Uhr fuhr ich also mit meinem babyblauen Fiat Bambino nach Kassel zum Hauptbahnhof. Ich parkte meine kleine Knutschkugel, in der ich bei einer Körpergröße von 1,87 Meter stets gebückt und mit angewinkelten Beinen fahren musste, und marschierte in Richtung Südeingang, mit meinen

Briefen unterm Arm, die ich bei der Bahnhofspoststelle aufgeben wollte.

Im Eingangsbogen der Tür stand er schon da, der Ben, ein kleiner, zierlicher Junge mit tatsächlich hübschem Gesicht, das sicher eine Chance bei der Wahl des Bravo-Wettbewerbs gehabt hatte. So dachte ich, ging an ihm vorbei zur Post, erledigte meine Sachen und nahm dann mein neues Ziel ins Visier. Ich blieb vor Ben stehen, der gefühlte anderthalb Meter kleiner war als ich.

Ich hatte meine Cowboystiefel mit besonders hohen Hacken an und sagte: „Hallo Ben, ich bin Michel." Ben hatte ein knallrotes Gesicht bekommen und ich spürte seine jugendliche Nervosität aufkommen. „Wenn du willst, fahren wir zu mir auf einen Kaffee. Magst du?", fragte ich.

„Okay, gerne", sagte er und mehr bekam er dann auch nicht mehr raus.

Ich bemerkte sein erstauntes Gesicht, als wir an meinem Fiat ankamen und ich meine langen Beine krakenähnlich darin verstaute. Er setzte sich neben mich und ab ging es zu meinem Haus außerhalb der Stadt. Das Faltverdeck des Autos hatte ich schon mit Teppichband auf dem Dach festgeklebt, weil es mir mal bei Tempo 80 weggeflogen war.

Aber ich liebte meinen Bambino trotzdem. Und kurz vor meinem kleinen Dorf angekommen, musste ich an einem Stoppschild anhalten, der Motor ging aus und mir war klar, es musste angeschoben werden, weil der Anlasser kaputt war.

„Ben", begann ich und bemerkte, dass er mitbekommen hatte, dass der Motor ausgegangen war. „Könntest du mal aussteigen und uns anschieben?" Ben schaute ungläubig drein, verließ dennoch das Auto, stellte sich dahinter und so begann dieser zierliche Junge, mit all seinen Kräften dieses Miniauto mit dem darin verknäulten Riesenmann zu schieben.

Er mühte sich sichtlich ab, aber schaffte das Unmögliche. Nach nur ein paar Metern sprang mein Kleiner wieder an, Ben lief dem fahrenden Auto sportlich hinterher, schwang sich zurück auf den Beifahrersitz und wir schafften den Rest der Strecke bis zum Haus ohne Probleme.

Und dort beschnupperten wir uns dann, sprachen viel, tranken etwas Wein und kamen uns verdammt nahe. Es wurde ein schöner Abend, obwohl ich uns eigentlich keine Chance eingeräumt hatte. Aber dieser junge Mann ließ mir von da an keine Ruhe mehr.

***

Fazit: Lass deinen Partner mal das Auto schieben. Wenn er das tut, kannst du ihn heiraten.

17 Ablenkungsstrategie wird wiederbelebt

Nach einem ziemlich chaotischen Hin und Her kam ich zum weltgrößten Baustoffkonzern mit Sitz in Paris. Dort blieb ich fast 20 Jahre. Dieses Kapitel wird also etwas länger werden.

Nach meinem Flop mit der Werbeagentur klingelt noch stets der Satz meiner Mutter in meinem Kopf: „Kumpanei ist Lumperei". Und wieder einmal hatte sie recht – das ging wahrlich daneben und zwar mit Pauken und Trompeten.

Nun aber eröffnete sich mir eine andere Welt, denn ich begann einen Job als Gips-Manager für das Auslandsgeschäft. Allerdings ging auch dieser holprig los. Ich wurde in die Firmenzentrale nach München eingeladen, um dem General Manager des Unternehmens vorstellig zu werden. Einem Franzosen, der nur Englisch sprach. Ich dachte mir, dass München in der Nähe von Freiburg im Breisgau läge, und beschloss, auf dem Hinweg erst einmal meine alten Freunde Danny und Joschi, mit denen ich früher in Kassel in einer WG gewohnt hatte, dort zu besuchen.

Dass zwischen Freiburg und München noch der Schwarzwald liegt, bemerkte ich erst so richtig am nächsten Tag auf dem Weg dorthin.

Und weil das Wiedersehen mit meinen alten Weggefährten in Freiburg so schön war, wurde auch viel

Badischer Wein genossen. Am nächsten Morgen fuhr ich also mit noch leichtem Restalkohol im Blut nach München. Dort angekommen war ich todmüde und torkelte beinahe in die Konzernzentrale.

Da stand ich nun, ziemlich wackelig auf den Beinen, mit Schlafzimmerblick und 'ner Fahne. So wartete ich auf meine Audienz bei dem GM. Da kam er, gefühlte zwei Meter groß und schlank, schlaksig, unhöflich. Ich wurde in einen Meetingraum gebeten und schon fing er an zu reden, natürlich in Englisch und über all das, was diese Firma so groß gemacht hatte und was sie erreichen wollte, in Deutschland und im Osten. Sie zählten Deutschland übrigens zum Osten … Europas, diese Franzosen.

Ich versuchte zu verstehen, und verstand nicht einmal 20 Prozent. Mein Englisch war grottenschlecht und ich verkniff mir, zu reden, nickte nur immer angestrengt und bejahte in den Redepausen, bis er mich schließlich mit großen Augen und schweigend anschaute. Die Pause suggerierte mir, dass ich nun etwas sagen sollte, nur was? Ich begann mit: „I am Michel Meinhardt and I look for a great job." Pause. „I have an economical background and I want to work for you."

Es folgte weiteres Schweigen und ein großer, irritierter Blick meines Gegenübers – meine zwei auswendiggelernten Englischsätze waren raus. Was nun?

Plötzlich richtete sich der GM vor mir auf und ich dachte: „Jetzt schmeißt er mich raus", aber er sagte: „Okay, Michel. You are very simpatico. So, let's try. Can you start January 1st? And a last request: Your English has to be improved. Okay? So, work on it. Have a great day and take care." Und raus war er.

Ich stand da und wusste nun nicht genau, ob das ein Rauswurf oder eine Einstellung war. Verstanden hatte ich „1. Januar" und dass ich mein English verbessern sollte. Also wertete ich das, was ich vernommen hatte, als ein Ja. Ich hatte den Job!

Hellwach sprang ich nach draußen, stieg in mein Auto und fuhr bald wieder müde, aber glücklich nach Hause. Meinem Vater zeigte ich dann den mittlerweile eingetroffenen Anstellungsvertrag und konnte damit wieder sein Herz für mich öffnen. Er war mit den Jahren aufgrund meiner beruflichen Entwicklung und Karriere recht stolz auf mich geworden und stets gut gelaunt, wenn ich meine Eltern besuchte. Und um dem Ganzen noch die Krone aufzusetzen, machte mich das mittlerweile übertragene Aktienpaket am Unternehmen und dessen späterer Verkauf an einen Investor zum Millionär. Ich kaufte uns, also Ben und mir, eine weiße Villa auf Mallorca, und mein Vater und meine Mutter verbrachten ebenfalls viel Zeit dort und waren fortan stolz auf ihren Michel, der so erfolgreich war.

Ja, ich machte eine Bilderbuchkarriere, setzte mich zu 1000 Prozent für das Unternehmen ein, wurde schließlich zum Vorstandsmitglied berufen und war somit für die Vertretung auf der halben Weltkugel verantwortlich. Ständig war ich auf Reisen, in der Luft, in Meetings, hatte viele kleinere Firmen zu vertreten, arbeitete und lebte zwischenzeitlich in Wien, Warschau, und Moskau, in Kalkutta und in Frankreich.

Mein Freund Ben versuchte währenddessen, seine Hotelkarriere in Kassel allein zu gestalten. Ich war im besten Fall an den Wochenenden zu Hause, aber auch dann stets im Stress, durch Anrufe, E-Mail-Kontakte und Vorbereitungen für Meetings der Folgewoche. Ben hatte nichts von mir, nichts von dieser Beziehung und unsere Liebe flachte ab. Aber er hielt zu mir und ich war so blind in meinem *working spirit*, dass ich das erst nicht erkannte. Meine wiederbelebte Ablenkungstaktik im Hinblick auf meinen Vater, um dessen Liebe und Anerkennung wiederzuerlangen, war ja gar nicht mehr notwendig. Aber ich dachte es und ackerte infolge dessen weiter wie ein Besessener.

Und dann kamen sie: die Hörstürze, die Burnouts, alle sechs bis sieben Jahre. Meine Ohren pfiffen und rauschten, ich wurde in edle private *Beklopptenkliniken* gesteckt, in sogenannte psychosomatische Einrichtungen mit Vollpension, Wellnesscenter und

Ausdrucksmalen. Um wieder runterzukommen. Mit Chi Gong und TCM-Anwendungen. Und nach sechs Wochen war ich wieder fit, doch die gefundene Ruhe hielt nur für kurze Zeit und dann gings wieder ab und hinein in den Businessstress.

***

Fazit: Schläge auf den Hinterkopf erhöhen nicht unbedingt das Denkvermögen. Hörstürze und Burnouts: Es wird Zeit, aufs Herz zu hören.

18 Neues Image

Ich war immer sehr experimentierfreudig. Und ich legte stets großen Wert auf mein äußeres Erscheinungsbild.

Seit etwa zwei Jahren arbeitete ich als Geschäftsführer in unserer polnischen Niederlassung. Und nun musste ich dringend zurück nach Deutschland, um einige wichtige Termine wahrzunehmen. So buchte ich also den nächstbesten Flieger in Warschau und sollte über einen Zwischenstopp in München gegen 15 Uhr in Frankfurt ankommen. Dann weiter mit dem ICE nach Kassel. Das war der Plan. In München angekommen wurde mir mitgeteilt, dass der Anschlussflug zwei Stunden Verspätung habe.

Ich schlenderte also durch die Ladenzeilen am Airport und entdeckte einen Friseursalon. „Da könnte ich ja die Zeit nutzen", dachte ich, „und lass mir die Haare schneiden." Also ging ich in das Geschäft hinein und tatsächlich, es war niemand vor mir dran und ich konnte sofort Platz nehmen.

„Bitte schneiden Sie mir die Konturen und vielleicht die Fülle etwas raus", bat ich die freundliche Friseurin, die mir auch gleich einen Kaffee anbot.

„Sie haben so eine schöne Haarfarbe," begann sie zu schwärmen, „warum frischen Sie das Blond nicht ein wenig auf. Das sieht doch dann wieder frischer und freundlicher aus."

„Meinen Sie?", antwortete ich fragend und schaute mich dabei im Spiegel von allen Seiten an.

„Wenn Sie etwas Zeit haben, mache ich das gern", sagte die sympathische Stylistin und ich stimmte zu.

Es wurde also geschnitten und dann kam die Farbe auf mein Haupt. Mit Alufolienstreifen wollte sie eine gleichmäßige Farbverteilung erreichen. Und so saß ich dann da mit diesem Silberpapier auf dem Kopf, bis sie nach einer halben Stunde begann, die Haare auszuwaschen. Bereits im nassen Zustand sah ich im Spiegel, dass da irgend etwas Gelbliches zu sehen war, beruhigte mich aber selbst in der Hoffnung, dass das gleich verschwinden würde, sobald die Haare trockengeföhnt waren.

Ich sollte mich irren. Die Föhnfrisur sah aus wie Howard Carpendales Schmalzlocke und die Farbe war ein Mix aus Gelb und Hellblond. Entsetzt fragte ich: „Was ist denn das? Machen Sie das weg! Das ist ja komplett gelb." Die Dame schien gelangweilt zu sein und antwortete, dass dies doch fast meine Naturfarbe sei. Und in dem Moment bekam ich eine Nachricht auf mein Handy, dass der Flug zum Einsteigen bereit sei. Ich musste zum Gate. „Machen Sie sich keine Sorgen", sagte sie noch beim Kassieren, „ein paar Mal waschen und es ist perfekt."

Die Hoffnung stirbt ja bekanntlich zuletzt, dachte ich, verließ den Salon und rannte im Eilschritt zu meinem Flugsteig, hinein ins Flugzeug und ab nach Hause. Dabei fühlte ich mich auf dem gesamten Weg der letzten Reiseetappe so schlecht wie nie zuvor, hatte ich doch das Gefühl, alle Menschen um mich herum schauten mir auf den Kopf.

Als ich zu Hause angekommen war, fiel mir Ben vor lauter Wiedersehensfreude um den Hals und erst nach einer Weile erkannte er, dass mit meinen Haaren etwas nicht stimmte.

„Warum sind denn deine Haare gelb?", fragte er. Und genau darauf hatte ich gewartet. Auf jemanden, der meinen Eindruck bestätigte. Meine Haare waren gelb und die überkreative Friseurin hatte sie mir versaut.

Ich wurde wütend, fauchte und schimpfte und dachte gleichzeitig darüber nach, wie ich diese Farbe wieder von meinem Kopf bekäme. Ben beruhigte mich und schlug vor, am nächsten Tag zu meinem Kasseler Friseur zu fahren. Der würde das sicher wieder in Ordnung bringen können. Gesagt – getan und so fuhren wir also am Folgetag zu unserem gemeinsamen

Friseur, nachdem ich ihm schon am Telefon die Situation beschrieben hatte.

Dort angekommen meinte er: „Ne, blond ist das nicht, Michel. Hatte die Kollegin einen Blackout?"

„Oh Gott", dachte ich, „so schlimm?", und setzte mich auf den mir zugewiesenen Platz.

„Keine Angst, das bekommen wir wieder hin", begann Mark, der Figaro, „ich lege ein Blau darauf und das neutralisiert und überfärbt dann das Gelb."

„Was? Blau auf Gelb?" Ich verstand nun gar nichts mehr und ein Hitzeschauer nach dem anderen ging mir den Rücken hinunter.

Dann begann der Meister, meine gelben Haare mit Farbe zu färben. Ich beobachtete im Spiegel die Farbmischungen, die er mir auf die Gelbstellen pinselte und nach dem Abwarten wurde alles herausgewaschen. So hoffte ich zumindest.

Beruhigend sprach Mark auf mich ein: „Alles wird gut", sagte er und fing an, meine Haare zu trocknen.

Nach etwa zehn langen Minuten und einer unangenehmen Hitze auf meinem Kopf stellte er den Föhn aus und wir starrten alle auf meine Haare. Kein Blond mehr, auch kein Blau, aber ein dunkel schmutziges Rot war das Resultat.

„Hilfe", brüllte ich, „was ist denn das?"

„Das hätte ich jetzt nicht erwartet", entgegnete Mark, „eher ein weiches Beige, aber kein Rot. Wo kommt das denn her?"

Verzweifelt versuchte ich, Mark klarzumachen, dass ich am nächsten Tag nach Österreich fahren müsse, weil dort eine Kundenveranstaltung stattfinde, bei der ich einen Vortrag zu halten habe. Dafür müsse ich normal aussehen.

„Also deine Haare haben nicht reagiert, oder besser gesagt falsch reagiert auf die Chemie, die ich verwendet habe", erklärte mir Mark sachlich fachlich klingend. „Ich versuche es noch einmal mit einer anderen Marke. Damit es abgedeckt wird." Er sprach es aus und schon fing er wieder an, eine Farbe anzumischen und mir auf die roten Strähnen zu streichen.

Dann folgte der mittlerweile bekannte Ablauf: warten, einziehen lassen, auswaschen und föhnen. Und jetzt sollte die Erlösung kommen. Alle starrten gespannt in den Spiegel vor mir auf meinen Kopf und der sah aus, als hätte ich ihn gerade aus einem Aschekasten gezogen.

„Pumukel hat endlich einen Bruder", sagte ich entrüstet.

Frustriert und enttäuscht fing ich an zu heulen, und schämte mich, so auf die Straße zu gehen. Mark schlug als letzten Versuch vor, die Haare ganz kurz zu schneiden. Ich stimmte zu und verließ nach einer weiteren halben Stunde den Friseursalon mit kurzgeschnittenem, aschfarbenem Haar.

Mit dieser Katastrophe auf dem Kopf fuhr ich am nächsten Tag nach Österreich. Zum Abendessen kamen etwa 80 Leute, Kunden aus Polen und Deutschland sowie meine Geschäftsführerkollegen und alle schauten mich fragend von der Seite an. Nur mein neben mir sitzender, französischer Kollege Jean-Pier, der stets einen Blick für das Modische hatte, fragte mich: „Oh Michel, a new image?", und zeigte dabei mit dem Finger auf meinen Kopf.

Nach einer Woche hatte ich mich an den Pumukelstyle gewöhnt und nach sechs Wochen ließ ich mir die herausgewachsene Farbe abschneiden. Aber es war einfach nur peinlich. Und die ganze Aktion überflüssig wie ein Kropf.

**

Fazit: Eben mal zwischendurch was machen, kann schnell für ein neues Image sorgen. Nimm dir lieber Zeit – auch für die kleinen Dinge im Leben. Dann bist du auf der sicheren Seite.

19   Herr Direktor Kaufmann wird zum Freund

Es war schon lange her, dass ich mich von meinem damaligen Direktor in Kassel verabschiedet hatte, ich sah in meiner damaligen Firma absolut keine Perspektive für mich, dort schnell voranzukommen.

Aber ich erinnere mich gern an Walter Kaufmann. Er war ein hochgewachsener, schlanker, grauhaariger Mann, der das Erscheinungsbild eines klassischen Direktors widerspiegelte. Weit gereist lebte er in Indien und England, verstand es, eine tadellose und interessante Konversation mit unterschiedlichsten Menschen zu führen und rauchte dabei gern und elegant Mentholzigaretten.

Irgendwie hatte ich nie den Kontakt zu ihm abgebrochen, denn nachdem der Herr Direktor pensioniert wurde, trafen wir uns hin und wieder auf einen Meinungsaustausch in einem Café. Dabei berichtete ich ihm von meiner Karriere im französischen Konzern und holte Tipps und Ratschläge von ihm ein.

Eines Tages, es war die Zeit, als ich in der polnischen Niederlassung in Warschau mit der Übernahme eines großen, staatlichen Betriebes der Baustoffbranche beschäftigt war, bekam ich eine Nachricht von ihm, mit der Frage, ob ich Lust hätte, ihn und seinen ehemaligen Bereichsleiterkollegen, Dr. Karl Bechinger aus Kassel, in Polen zu treffen, um gemeinsam das Wochenende zu verbringen.

Natürlich freute ich mich sehr über diese anstehende Abwechslung, fernab von der Heimat endlich mal wieder mit Landsleuten zusammen zu sein, anstatt die Wochenenden, an denen ich nicht zu Hause in Deutschland sein konnte, mit irgendwelchen Besichtigungen polnischer Wallfahrtsorte und Kirchen zu verschönern.

Gesagt – getan, ich holte die beiden Herren an einem Freitagmittag mit dem Auto am Warschauer Flughafen ab und hatte für uns, gemeinsam mit meinem damaligen polnischen Kollegen Marek, ein schönes Programm in Masuren vorbereitet.

Wir fuhren also direkt los und kamen gegen 18 Uhr an dem von Marek gebuchten Ferienhaus mitten im Wald und direkt an einem traumhaft einsamen Ufer eines Masurensees gelegen an. Das Haus war aus Holz gebaut und jeder hatte ein ziemlich einfach ausgestattetes Einzelzimmer; im mittleren Bereich befand sich ein großer Wohnraum mit Kamin.

Die Sonne schien an diesem warmen Junitag. Wir stellten also unsere Reisetaschen in unsere Zimmer und setzten uns auf die Holzterrasse auf die Holzstühle (dort war nahezu alles aus Holz) und schauten auf den See. Es war wunderschön und dieser traumhafte

Sonnenuntergang wurde gerahmt von himmlischer Ruhe. Natur pur und wir mittendrin.

Marek war bemüht, den Herren und mir, ich war sein offizieller Vorgesetzter, alles so angenehm wie nur möglich zu gestalten. So brachte er uns eiskalt gekühlte Bierdosen auf die Terrasse und versuchte dann, trotz sommerlicher Temperaturen, das Holz im Kamin anzuzünden. Leider gelang ihm das auch nach dem gefühlten zehnten Versuch nicht.

Dann setzte sich Marek zu uns und erklärte in seinem doch sehr passablen Deutsch, was so alles im benachbarten Dorf abgehe. Dort gebe es eine nette Bar und auch nette polnische Mädels. Ich bemerkte, wie sich die Augen meiner beiden etwas betagteren Begleiter bei dem Wort *Mädels* weiteten und offenbar ihr Interesse geweckt wurde.

„Na, das hört sich doch gut an, lieber Marek", sagte Walter Kaufmann. „Da könnten wir doch mal in der Bar ein schönes Bierchen trinken." Er schaute dabei seinen Kollegen Dr. Bechinger zustimmungssuchend an, der auch gleich heftig nickte.

„Dann los", erwiderte ich, „denn ich bin eigentlich ziemlich müde." Wir quetschten uns in Mareks Kombi und los gings. Er fuhr uns runter ins Dorf zur Bar und brachte das Auto auf dem Schotterparkplatz davor zum Stehen. Als wir drinnen waren, standen und saßen überall kleine Gruppen von Menschen, zumeist polnische, und tranken vor allem Bier. Die Gespräche der Leute verstummten für einen Moment, als wir hereinkamen, und dann nahm die Lautstärke schnell wieder zu.

„Eine typische Masurenbar", versuchte Marek zu erklären. „Diese Leute haben hier alle ein Boot oder sind Hobbyangler und kommen zu 90 Prozent aus Warschau, um hier ein schönes Wochenende in der Natur zu verbringen."

Ich konnte am Nachbartisch schnell ausmachen, dass die dort sitzenden drei Männer Englisch miteinander sprachen. Und nach dem dritten polnischen Piwo, also Bier, waren wir alle so redselig, dass wir unseren Tisch an den Nachbartisch rückten und mit den drei Engländern zu scherzen und zu trinken begannen.

Es floss immer mehr Piwo. Wir waren ja allesamt fit in der englischen Sprache und so wurde die Stimmung immer lockerer und lauter. Es wurde getrunken, geraucht und gegrölt, Herr Kaufmann war plötzlich der Walter und Herr Dr. Bechinger wurde für mich und für meine Gefährten zu Karl. Dann begannen zwei der Einheimischen mit Gitarre und Geige eine rasante Polka zu spielen, es wurden polnische Lieder gesungen und die Leute begannen, auf dem schweren Holzboden der Bar zu tanzen. Es war eine ausgelassene und lustige Stimmung und wir alle grölten auf Möchtegernpolnisch mit.

Irgendwann wurde ich so müde, dass ich mich rausschlich und auf der einzig vorhandenen Schotterstraße in Richtung unseres Hauses torkelte. Ich hatte übermäßig viel getrunken und alles drehte sich. Oben am Haus angekommen, schloss ich, wie es sich gehörte, die Haustür von innen ab, stürzte mich in mein Zimmer, zog mir irgendwie noch die Hose und mein Hemd aus und landete auf dem direkt unterm Fenster platzierten Bett. Ich schlief sofort ein.

Ein paar Stunden später: Ein lautstarkes Pochen gegen das Fenster meines Zimmers ließ mich schreckhaft und in Sekundenschnelle aufwachen und ich schoss kerzengerade und wie von einer Tarantel gestochen in meinem Bett auf, starrte für einen Moment nach draußen durch das Fenster und erblickte dort irgendwelche Gesichter, verwickelte mich in der schweren Gardine über mir, drehte mich um die eigene Achse und kippte nach hinten um. Dabei riss ich die Gardine aus der Deckenleiste, die zum Teil gleich mit herunterkam.

Meine drei Saufkumpanen lachten sich draußen derweil halbtot über ihren Überraschungsauftritt und klopften an die Haustür, bis ich diese öffnete, immer noch die Gardine um meinen Bauch gewickelt. Ein Bild, das später für Gesprächsstoff bei Wiedersehenstreffen mit Walter und Karl sorgen sollte.

Am nächsten Tag wachten wir alle mit erheblicher Verzögerung auf und trafen uns mit unseren dicken Köpfen auf der Terrasse. Marek hatte schon für frischen, schwarzen Bohnenkaffee gesorgt und wir genossen irgendwie doch noch diese Stille und Schönheit am See.

„Heute machen wir eine Bootstour auf dem See!", sagte Marek mit einer Begeisterung und Lautstärke, als hätte er am Vortag nicht einen Tropfen zu viel getrunken. Ich bemerkte, dass meine Kumpanen ihre Augen zusammenkniffen, als Marek seine Botschaft verkündete.

„Das klingt nach einem guten Plan", bemerkte Walter eher zurückhaltend und leise. Nachdem wir uns also mit Kaffee und der ersten Zigarette des Tages gestärkt hatten, ging es hinunter zum Bootssteg, wo unsere *Queen Marie* auf uns wartete.

Marek erledigte schnell die Formalitäten mit dem Bootsverleiher und schaufelte eine riesige Kühltasche mit Getränken und Snacks ins Boot. Als wir nun allesamt in dem Selbigen saßen, bemerkte ich kleinlaut, dass dies doch eigentlich ein Segelschiff sei, und fragte, warum der Mast längs auf dem Bootsdach ruhe, anstatt in senkrechter Position über uns zu thronen, um ein großes Segel daran hochziehen zu können.

Marek erwiderte: „Das ist nicht nötig. Zuviel Arbeit und außerdem haben wir einen starken Außenborder. Das reicht, um ein bisschen zu schippern." Und so schmiss er den Außenbordmotor an und wir glitten in sanftes Gewässer hinaus auf den See, die Sonne über uns und die Kühltasche voll mit eisgekühltem polnischen Piwo.

Irgendwie schlichen sich Walter und Karl dann an die ominöse Kühltasche und taten das, was mich nach dieser letzten erlebten Nacht zum Übergeben gebracht hätte: Sie öffneten die erste Dose Bier und leerten sie in Nullkommanix. Nach nur ein paar Minuten wurden diese alten Männer immer redseliger und begannen, die nächsten Dosen zu leeren. Marek fand das toll und hielt mutig mit. Na ja, und dann, dann probierte ich es auch noch einmal und siehe da, es schmeckte.

„Sicher wegen der Hitze", meinte ich den anderen gegenüber. „Und überhaupt, wir müssen ja was trinken", sagte ich und machte ebenso die nächste Dose auf. Und schon waren wir wieder beim Grölen und Witzemachen, beim Singen und Lachen. Marek kam plötzlich aus der Kajüte hervor und hielt siegessicher eine Flasche Wodka in der Hand.

„Damit es nicht so eintönig wird", sagte er und köpfte die Flasche, die dann – Schluck für Schluck – die Runde machte.

Ich steuerte in meinem mittlerweile angeheiterten Zustand das Superschiff langsam in Richtung Anlegeplatz. Dabei mussten wir eine Schleuse durchfahren, was eine sehr enge Angelegenheit war. Vor uns lagen noch zwei Schiffchen, die dabei waren, den Engpass zu durchfahren. Wir warteten, bis wir an der Reihe waren.

Ich steuerte unsere Yacht mit Feingefühl und guten 2,5 Promille durch die Schleuse und wir kamen näher an die Anlegemauer. Karl nahm vorn am Bug Stellung ein und hielt das Seil in der Hand. Er war bereit, im entscheidenden Moment vom Bug des Schiffes auf die Kaimauer zu springen, das Seil in der Hand.

Aber es sollte alles anders kommen. Ich hielt das Ruder direkt auf die Kaimauer zu, vergaß aber, bei aller noch vorhandenen Konzentration, den Gashebel zurückzunehmen. Das Boot schoss von einem Moment auf den nächsten auf den Kai zu und knallte mit einem lauten Schlag gegen die Mauer. Karl wurde bei dem Aufprall in die Luft gewirbelt und flog wie ein landender Albatros auf den Kai. Bäuchlings aufkommend und sich dann abrollend lag er da. An Land. Und wir waren immer noch auf dem Wasser.

Wir sahen uns in diesem Moment alle mit offenen Augen und Mündern an und fingen an zu lachen und zu grölen, denn diese Szenerie war so unreal und witzig, dass wir dachten, es wäre ein Gag von Karl gewesen. Marek stand oben an der Kajütentür und musste so sehr lachen, dass er quasi rückwärts in die Kajüte fiel. Ich war komplett weggetreten und wickelte mich bäuchlings auf dem Bootsdeck. Aber Walter erkannte die Situation als Einziger, obwohl auch er einiges weggetrunken hatte, und eilte mit einem Heldensprung vom Boot auf die Mauer.

Karl lag immer noch am Boden und nun bemerkten wir, dass da ernsthaft etwas passiert war. Walter hob Karl auf und beide gingen, Walter Karl stützend, in Richtung Ferienhaus. Wir machten das Boot fest.

Marek steckte dem Verleiher noch einen Extraschein zu, weil wir den Bug demoliert hatten, und so wankten wir den beiden nach.

Oben am Haus angekommen lag Karl auf seinem Bett und hob sein Hemd. Da sahen wir einen riesigen blauen Fleck, von der Brust bis runter zum Bauch. Alles blau. Und mit schmerzverzerrtem Gesicht murmelte er: „Scheiße gelaufen, Leute." Blitzartig wurden wir alle nüchtern und setzten uns zu Karl ans Bett und leerten die letzten Piwos.

***

Fazit: Übermut macht blaue Flecken und kann ganz schön weh tun.

20 Max – der junge Mann im Unfallauto. Ich erkenne, dass es Engel gibt

Max tritt plötzlich und wie aus heiterem Himmel in mein Leben.

Manchmal begegnet man Menschen ohne Vorankündigung. Plötzlich und unerwartet kommt es zu einer Begegnung, die prägt. So sollte es mit Max sein. Einem 21-jährigen, lebensfrohen und intelligenten jungen Mann aus einem Dorf, das zwischen meinem und der Autobahnauffahrt Kassel-Dortmund liegt.

Es war ein kalter, grauer Wintersonntag. Ich war wieder in meinem Kasseler Haus und hatte bereits mit Vater den Samstag verbracht. Irgendwie kam aber nicht die gewohnte, freudige Stimmung zwischen uns auf, auch nicht, als wir in unserem Stammrestaurant, einem Landhotel und Reiterhof, ein vorzügliches Mittagessen zu uns nahmen.

Vater meinte nur, dass er den Nachmittag lieber in seinem schönen, warmen Zimmer vor dem Fernseher verbringen wolle, anstatt bei dem feuchtkalten Wetter irgendwohin zu fahren.

Ich nahm meinen kleinen Koffer und meinen treuen Hund Benno, packte beide ins Auto und so fuhren wir langsam los, denn es begann leise zu schneien. Die Straße war nass und glitschig. Ich konzentrierte mich auf das Fahren und durchquerte das Dorf vor der

Autobahnauffahrt fast im Schritttempo. Die Landstraße führte heraus aus dem Dorf, kurvenreich und komplett ohne jeglichen Verkehr. Ich schien der Einzige auf der Straße zu sein. Anscheinend waren alle lieber zu Hause hinterm wärmenden Ofen geblieben. Wäre ich im Übrigen auch, aber ich musste ja zurück nach Düsseldorf.

Als ich eine kleine Kuppe mit anschließender Kurve hinauffuhr, bemerkte ich im letzten Moment ein Auto im Straßengraben auf der gegenüberliegenden Seite. Der Blick in den Rückspiegel lieferte mir den Beweis dafür und ich fuhr rechts ran. Ich stieg aus und es nieselte, es war kalt und ich zog mir eine Jacke über. Dann gab ich Benno im hinteren Teil des Wagens kurz zu verstehen, dass ich gleich wiederkäme und er schön ruhig sein solle.

Ich drehte mich um und marschierte die etwa 20 Meter zurück, überquerte dabei die Straße und sah, dass ein Kombi im Graben lag und seitlich einen Baum gerammt hatte.

Ich stellte mich neben die Beifahrertür, riss diese auf und rief: „Ist jemand da drin? Hallo, ist da jemand?" Keine Antwort. Ich spürte, dass etwas Schreckliches passiert war und versuchte, mich innerlich zu beruhigen. Dann bückte ich mich runter und kroch ins Auto. Das, was ich da entdeckte, war grausam. Der junge Mann am Steuer war ohne Bewusstsein. Blut schoss aus seinem Gesicht, das erheblich angeschwollen war. Ich sprach ihn an, bekam aber keine Reaktion. Dann bemerkte ich, dass er starke Geräusche beim Atmen machte. Ich bekam Angst.

Seine Beine waren eingeklemmt und die Tür auf seiner Seite ließ sich wegen des Baumes nicht öffnen. Ich fand eine Art Lappen unterm Sitz und drückte, so fest ich konnte, gegen die Wunde in seinem Gesicht, um das Blut zu stoppen. Ich redete die ganze Zeit mit ihm, dass er durchhalten solle und dass Hilfe unterwegs sei. Aber ich hatte noch nicht mal einen Notruf mit dem Handy abgesetzt, so sehr war ich mit dem Ganzen beschäftigt. Ich betete, dass er nicht in meinen Armen starb.

Dann endlich, es war schon eine ganze Zeit vergangen, hörte ich eine Stimme von außerhalb des Fahrzeugs: „Hallo. Was ist los? Brauchen Sie Hilfe?"

„Rufen Sie die Rettung, Polizei, Feuerwehr", sagte ich. „Wir brauchen hier alles, schnell." Wieder verging eine endlose Zeit des Wartens. Ich war in den letzten 20 Minuten diesem fast sterbenden, namenlosen Mann so nah gekommen, dass ich fast schon meinte, ihn ewig zu kennen. Ich hantierte mit meinen Händen und einem blutgetränkten Lappen an ihm herum und redete unentwegt auf ihn ein.

Plötzlich spürte ich eine Hand an meinem Rücken und ein Rettungssanitäter sagte: „So, nun lassen Sie uns mal weitermachen." Ich stieg aus dem demolierten Wagen und sah mich um. Da standen Feuerwehr-, Polizei- und Krankenwagen mit Blaulicht und eine Menge Leute hinter einer Absperrung und es war weiß geworden vom Schnee.

Ich versuchte, all das Blut an meinen Händen und meiner Kleidung im Schnee abzuwaschen, relativ erfolglos. Und dann fiel mir Benno ein. Ich sah hoch, erblickte mein Auto und rannte los. Da saß mein treuer Benno und wartete auf mich. Der Anblick des vertrauten vierbeinigen Freundes versöhnte mich wieder mit der Welt, aber ich fühlte mich schwach, zitterte und wollte nur noch weg von diesem Ort.

Gerade wollte ich losfahren, da sagte eine laute Stimme hinter mir: „Stopp. Bitte, warten Sie. Wie heißen Sie? Sie waren der Ersthelfer und ich brauche Ihre Adresse." Da stand ein Feuerwehrmann vor mir, in seiner leuchtenden, roten Jacke und einem gelben Helm auf dem Kopf und fügte hinzu: „Er ist ein Kamerad von uns", und wir beide blickten hinüber und sahen, wie sie das Autodach abschnitten und den Jungen aus dem Fahrzeugwrack herausholten.

Ich hinterließ meine Anschrift und fuhr auf die Autobahn. Nach etwa 20 Minuten stoppte ich auf einem kleinen Parkplatz, stieg aus und übergab mich. Ich war fix und fertig.

Die Nächte danach waren fast schlaflos. Ich versuchte, am nächsten Tag zu erfahren, ob der junge Mann überlebt hatte. Der Feuerwehrmann, der mich angesprochen hatte, rief mich an und sagte, dass er wohl über den Berg sei. Damit war diese Erfahrung für mich abgeschlossen und ich war froh und konnte mich wieder dem Alltäglichen widmen.

Irgendwann, Monate später, bekam ich einen Anruf. Von Max, dem jungen Mann aus dem verunfallten Auto. Er lud mich auf einen Kaffee zu sich nach Hause ein. Ich fuhr hin und er kam mir in kleinen Schritten und hinkend entgegen. Es war ein unglaublicher Moment mit soviel Gefühlen auf beiden Seiten. Wir sahen uns nur an und wussten, dass wir miteinander verbunden sind.

Wir haben bis heute Kontakt. Max studiert, lebt teilweise im Ausland und ist völlig genesen. Es ist so schön, dass ich ihn kennengelernt habe und ein wenig dazu beitragen konnte, dass er sein Leben so leben kann, wie er es heute tut.

***

Fazit: Wenn du siehst, dass ein anderer deine Hilfe braucht, sieh hin, bleib stehen und zeige Courage. Du wirst stolz auf dich sein.

21 Meine Indien-Erfahrung – Begegnung mit Anil in Kalkutta

Nachdem die gefühlt hundertste Umorganisation unseres Konzerns vom Vorstand abgesegnet wurde, erhielt ich die Verantwortung für Indien. Und machte mich sogleich auf den Weg, besuchte Mumbai und Kalkutta, Delhi und Bangalore.

In Kalkutta angekommen begann ich sofort, mithilfe eines indischen Agenten unsere indische Filiale zu gründen. Das bedeutete, wie immer, eine Menge Aufwand an Lauferei zu den lokalen Behörden, bis die Registrierung, Steuernummer und Adresse vorlagen, und danach ging es auf Personalsuche. Schnell wurden wir fündig. Neben drei ausgezeichneten Ingenieuren war schnell auch das interne Personal gefunden, also Buchhalter, Logistiker und Sekretärin. Wir legten mit Volldampf los, unsere Produkte aus Europa und China zu importieren.

Ich arbeitete zu dieser Zeit täglich zwölf und mehr Stunden. In der Hitze des Tages in Indien oder zur Monsunzeit, in der es pausenlos und wochenlang wie aus Eimern regnete, alles bei Temperaturen um die 35–40 Grad, war man selbst im Sitzen und bei eingeschalteter Air Condition nach fünf Minuten klatschnass. Aber ich genoss diese neue Kultur, diese ewig lächelnden Menschen, ob auf der Straße oder in den

Shops, die in ihren bunten Stoffen, die sie geschickt und mit System um den Körper wickelten, sehr schön anzusehen waren.

Abends wurde ich von meinem Fahrer abgeholt, der mich dann in mein Dauerapartment im Taj Mahal Hotel brachte, wo ich mich bei bestem und freundlichstem Service des Hotelpersonals bald schon wie zu Hause fühlte.

Pravin, mein Chauffeur, wurde bald mein Vertrauter, weil ich mit ihm während der Fahrten durch den stockenden und lauten Verkehr der City stets über die Kultur, die Gebräuche, Freuden und das Leid der Menschen reden konnte.

Eines Morgens holte er mich wie gewohnt gegen 8:30 Uhr am Hotel ab. Ich hatte gut gefrühstückt und war bereit für die Herausforderungen dieses Tages. Ab und zu hatte ich auch schon in aller Herrgottsfrühe einen Jogginglauf hinter mich gebracht. Dabei war es gar nicht so ungefährlich, das Hotelgrundstück, das permanent bewacht wurde, zu verlassen und auf den Straßen Kalkuttas zu laufen. Die ärmeren Inder lebten auf den Straßen und schliefen dort auch unter großen, blauen Foliendächern am Straßenrand. Und wenn man zu früh sein Jogging begann, dann musste man schon mal im Zickzack um und über die schlafenden Körper springen.

Auf dem Rückweg erwachte dann langsam die Stadt. Die Menschen standen nur mit einem Lendenwickel bekleidet unter den am Straßenrand befindlichen Wasserstellen und wuschen sich. Inder sind sehr reinliche Menschen. Egal, ob arm oder reich, die morgendliche Körperhygiene ist obligatorisch und auch das Haareschneiden und Rasieren gehört auf der Straße zum alltäglichen Bild.

An diesem Morgen lief ich nicht, weil es regnete. Pravin stand mit seinem Auto da und hielt mir die hintere Tür auf. Wie immer setzte ich mich und begann sogleich, meine Akten für den Tag aus meiner Tasche zu ziehen, um mich auf die bevorstehenden Meetings vorzubereiten. Das ging recht gut, denn für die drei Kilometer bis zum Büro brauchten wir gute 50 Minuten im Schritttempo. Nach einiger Zeit, es ging nur noch Zentimeter für Zentimeter bei Dauerhupen voran,

blickte ich aus dem Fenster und entdeckte am Straßenrand einen fast nackten, etwa zehnjährigen Jungen, der
auf einem Müllberg stand – Müll liegt in Kalkutta
überall – und mit einem Stock darin herumstochernd
suchte er nach etwas Essbarem.

Plötzlich erschien ein großer, dünner Hund.
Vielleicht eine Art Schäferhund, der versuchte, dem
Jungen das bereits gefundene Essen aus dem Lendenwickel zu stehlen. Der Junge begann, nach dem Hund
zu schlagen, der sich aber davon nicht beeindrucken
ließ.

Der Junge stürzte plötzlich, lag im Dreck und mit
einem Sprung stand der große Hund auch schon neben
ihm, schnappte sich den kleinen Beutel, der neben dem
Jungen lag und verschwand.

Ich schaute diesem Kampf des Überlebens, Kind
gegen Hund, aus dem Auto zu und mir liefen die
Tränen übers Gesicht. Ich war traurig darüber, dass ich
diese Armut, diese Nöte der Menschen jetzt erst
wahrgenommen hatte.

Meine Akten interessierten mich nicht mehr und wir
fuhren ins Büro, wo ich mich erst einmal für eine stille
Stunde allein in mein Zimmer setzte und versuchte,
das Erlebte zu verarbeiten. Ich hatte bemerkt, dass Pravin mich im Rückspiegel des Autos beobachtet und

gesehen hatte, dass ich weinte, aber er hatte kein Wort gesagt.

Am selben Tag bat ich ihn, sich in Kalkutta umzusehen nach einer Schule oder einem Ort, wo diesen Slum-Kids, also den Straßenkindern, geholfen werden könnte. Und schon bald klopfte er an meine Zimmertür und berichtete mir von einer Schule, die von Ama, einer Inderin, geführt werde. Es sei eine Schule mit mehr als 600 Kindern *from the street* und sie kümmere sich um deren Ausbildung, unterstützt durch Spendengelder.

In den Tagen danach ging mir dieser unterernährte Junge, der mit dem dünnen Hund um ein bisschen Essen kämpfte, nicht mehr aus dem Kopf. Ich sah danach bei jeder Autofahrt durch die Stadt mehr und mehr dieser armen Kinder, die ums reine Überleben kämpften. Ich nahm das, was ich vorher irgendwie nicht gesehen hatte, also das Leid und Elend, erst jetzt bewusst wahr. War ich vorher vielleicht zu sehr abgelenkt durch das Neue, als ich in Indien ankam? Jetzt lichtete sich langsam dieser Schleier und das wahre Bild, die Armut, kam zum Vorschein.

Ich bat Pravin, mit Ama, der Schulleiterin, einen Termin auszumachen, und so fuhren wir einige Tage später zu ihr. Sie empfing uns (ich hatte noch unseren indischen Geschäftsführer gebeten, mitzukommen –

und Pravin natürlich) am Haupteingang eines sehr hohen, aber schmalen Gebäudes im Zentrum Kalkuttas.

Freundlich lächelnd machte sie das Gebetszeichen mit den Händen vor ihrer Brust und leitete uns ins Innere. Ich folgte ihr nach einem leisen „Namaste". Hier warteten schon die in einheitliche Schuluniform (ein Relikt aus der englischen Kolonialherrschaft) gekleideten Kinder, die uns mit einem Lied und verschiedenen Tänzen empfingen. Die Musik kam aus einem uralten Radio und kratzte fürchterlich und schrill. Die Kinder tanzten, freuten sich über unseren Besuch und zeigten, was sie gelernt hatten.

Ich winkte Pravin zu mir und flüsterte ihm einen Auftrag ins Ohr. Er verschwand fast unsichtbar. Dann wurden uns die Schulklassen mit jeweils etwa 50 Schülern gezeigt. Keine Türen, keine Fenster, nur Öffnungen, die neben Licht auch den lauten Straßenlärm hereinließen. Alle saßen auf dem Boden, der Lehrer stand vorn neben der Tafel, stramm wie ein Soldat, als ich den Raum betrat.

600 Kinder verteilt auf fünf Etagen, in kleinen Räumen, aber alle sauber angezogen mit frisierten Haaren und einem Lächeln im Gesicht, das zeigte, dass sie glücklich darüber waren, hier sein zu dürfen, zu lernen, ihre Chance wahrzunehmen für ein besseres

Leben und nicht, wie die anderen, weiter auf der Straße leben zu müssen. Es gab mittags ein warmes Essen für alle und am Nachmittag wurden Schularbeiten gemacht bis 16 Uhr. Dann musste die Uniform ausgezogen werden und die Kids gingen in ihren meist zerschlissenen Kleidern zu ihren Familien *nach Hause* irgendwo am Straßenrand unter einer blauen Folie in der Millionenstadt Kalkutta.

Pravin kam herein und brachte ein großes Paket mit, dass er, nachdem er mein zustimmendes Nicken entgegengenommen hatte, vor Amas Stuhl stellte.

„What's that?", fragte Ama und suchte meinen Blick.

„Open it. Mach es ruhig auf", sagte ich. Und dann öffnete Ama das Paket und ein großer CD-Player mit Radio und Lautsprecherboxen kam zum Vorschein. Sie strahlte und ich sagte kurz: „Das ist der Beginn unserer Freundschaft. Für die Kinder."

Sie drückte meine Hand sanft und dankend. „I must show you our hospital." Sie zog mich mit sich in Richtung einer Tür in der Eingangshalle und wir betraten den Raum dahinter. Da standen vier Etagenbetten und neben einem dieser Betten stand der damals neunjährige, blasse und dünne Anil, nur eine lange Pyjamahose an und schaute sehr nervös und fragend in meine Richtung.

Ich begrüßte den *jungen Mann* mit einem Handschlag, sah, dass er sehr schwach war, und bat ihn, sich aufs Bett zu setzen.

„Er hat ein Herzproblem. Wir müssen ihn operieren lassen, sonst stirbt der Junge", kam es aus Ama heraus und dabei wurde ihr Blick beunruhigend ernst.

Ich sah den Jungen an und meine Augen wurden mit einem Mal nass und ich versuchte, nicht zuzulassen, dass mir auch nur eine Träne herauslief.

„Nicht vor dem Jungen", dachte ich. „We will help you", sagte ich zu Anil, lächelte gequält und verließ, so schnell ich konnte, den Raum.

Ama bemerkte, dass ich mit meinen Gefühlen kämpfte und hielt mich, draußen angekommen, an der Hand und sagte: „Michel, you are a good person."

„Ich will Anil helfen. Bitte lassen Sie ihn operieren. Und bestellen Sie Stühle für alle Kinder in den Klassen. Wir übernehmen die Kosten", sagte ich und ließ mich schließlich kraftlos auf den Rücksitz des Autos fallen.

Wir fuhren in Richtung Hotel. Keiner sagte ein Wort. Meine Tränen, die sich in meinen Augen gebildet hatten, als ich diesen kleinen, schmalen Jungen erblickte, schossen jetzt über mein Gesicht und ich schaute dabei aus dem Seitenfenster des Autos, um es vor meinem Kollegen zu verbergen.

Als wir schließlich unser Ziel erreichten, sagte ich nur kurz zu meinem Geschäftsführer: „Wir zahlen die OP des Jungen und auch die Stühle. Pravin, bitte fahr morgen noch einmal zur Schule und frag Ama, was noch am dringendsten benötigt wird. Ich möchte hier in Indien nicht nur Geschäfte und Profit machen, ich möchte den Menschen auch etwas geben. Dies wird ab sofort ein Bestandteil unserer Arbeit hier in Asien. Ich werde morgen eine entsprechende Mail an den Vorstand nach Paris schicken." Vorm Hotel angekommen sprang ich aus dem Wagen und verschwand in meinem Apartment.

Nachdem ich nach einiger Zeit Indien verließ und die Geschäfte dem lokalen GM übergab, besuchte ich Kalkutta, die Schule, Ama und Anil, der zwischenzeitlich nach der überstandenen Operation fleißig am Lernen war, vier- bis fünfmal pro Jahr. Die Menschen waren glücklich und ich sammelte, egal wo ich gerade war, immer etwas Geld ein für die Slum-Kids.

Für Anil aber übernahm ich eine Patenschaft und so wurde aus dem kleinen kranken Jungen mittlerweile ein ansehnlicher junger Mann von fast 20 Jahren, der im Sinn hat, ein Medizinstudium zu beginnen, um seinen Landsleuten etwas zurückgeben zu können. Ich bin sehr stolz auf ihn.

Anil und ich haben täglich Kontakt und er wird uns nächstes Jahr zu unserer kirchlichen Hochzeit erstmals in Deutschland besuchen. Ich freu mich riesig darauf.

***

Fazit: Manchmal bedarf es eines längeren Hinsehens, um durchzublicken. Das kann schmerzlich sein, aber es generiert Energien in dir, die dich verändern. Glück ist, wenn Hilfe glücklich macht.

22 Ich lade mir heut Gäste ein

Wir hatten ein Haus auf Mallorca. Ein schönes Haus. Groß und weiß mit drei Schlafzimmern und Bad en suite, einem Fitnessraum, einer Sauna, einem großen Pool und wunderschönen Palmengarten. Dort verlebten wir nun unsere Ferien. Privat, privilegiert und mit seltsamen Nachbarn, die wir noch kennenlernen sollten.

Obwohl unsere Familie in Deutschland weit verstreut lebte, machte die Nachricht vom neuen Domizil schnell die Runde und es kamen bereits Anfragen von der Verwandtschaft, ob denn die Möglichkeit bestehe, bei uns Ferien zu machen. Als Erstes reiste also die Familie mütterlicherseits an, mein Cousin und Patenonkel Edgar nebst Frau und Cousine Hilde. Beide waren Mitte 70 und recht fidel und mieteten sich also ein.

Ich hatte das Haus wunderschön möbliert. Im Wohnzimmer standen einladende große Sofas, neben dem Kamin ein großer Fernsehbildschirm, eine Ottomane mit einem dahinter befindlichen Regal voller Bücher, im Essbereich ein großer Glastisch mit sechs Stühlen, direkt neben dem freistehenden Küchenblock, und wenn man der geschwungenen, freistehenden Treppe in die obere Etage folgte, waren da drei große Schlafzimmer mit jeweils Bädern und Balkonen mit

Meerblick. Überall hingen schöne Ölbilder und wenn die bodentiefen Fenster geöffnet waren, wehten die weißen Gardinen im Sommerwind. Cousin Edgar und Cousine Hilde machten es sich schön gemütlich und verbrachten ihre Ferientage auf der Terrasse am hauseigenen Swimmingpool auf den dort stehenden Sonnenliegen.

Ich kam einen Tag vor meinem Geburtstag nach Mallorca, ich war zuvor auf Dienstreise in Indien, und gesellte mich zu den beiden. Ben, mein Partner, musste ja in Deutschland arbeiten und so überlegten wir nun am Pool, was wir an meinem Geburtstag machen würden. Ich hatte die Idee, spontan eine Party zu organisieren und Freunde und Nachbarn einzuladen. Edgar meinte auf seine trockene, hanseatische Art: „Wenn das nicht zu viel Arbeit für dich wird, warum nicht!?"

Und Hilde entgegnete: „Ich helfe dem Michel dabei. Das kriegen wir schon geregelt."

Und so wars dann beschlossene Sache: „Die Party steigt!"

Ich begann sofort, die Leute auf der Insel, die ich mittlerweile gut kannte, per WhatsApp einzuladen, und zu den umliegenden Nachbarn machte ich mich persönlich auf den Weg. Nebenan wohnten Bert und Rudolf, ein schwules Paar in den Fünfzigern. Sie waren immer nett und freundlich und wir hatten auch schon einiges in der Vergangenheit zusammen unternommen.

Bert war etwas pingelig und alles musste stets perfekt in seinem Haushalt vorhanden sein und funktionieren. Rudolf war eher der Robustere, der seine Welt immer durch eine Ratio-Brille bewertete. Sie freuten sich über meine Einladung, zu uns zum Essen rüberzukommen, war das doch endlich mal wieder eine willkommene Abwechslung in ihrem Alltag, der daraus bestand, in der Sonne zu liegen und auf der Terrasse eiskalten Chardonnay zu trinken.

Am nächsten Morgen checkte ich meine Whats-App-Messages und kam auf circa 20 Zusagen. Schnell fuhren Rudolf und ich runter ins Dorf, so nannten wir unseren Stadtteil, in dem sich Geschäfte und Restaurants direkt am Strand befanden, und bestellten beim Italiener Platten mit Schinken, Käse, kaltem Braten, Salate und Beilagen, die wir dann am Abend geliefert bekommen sollten. Noch schnell in den Supermarkt, um alle Getränke und vor allem Wein einzukaufen, und wieder hoch auf unseren Berg, auf dem sich unser Haus befand.

Hilde hatte bereits damit begonnen, die Stühle und Tische auf der Terrasse zu einer langen Tafel zusammenzustellen, und nachdem wir große Tischdecken darauf ausgebreitet hatten, sah es sehr festlich und einladend aus. Ich freute mich sehr, dass mir die beiden so hilfreich zur Hand gingen bei all diesen Vorbereitungen und stellte die mitgebrachten Kerzen rund um den Swimmingpool auf.

Die Zeit flog nur so dahin und endlich waren wir fertig mit allen Vorbereitungen. Um 18 Uhr klingelte es schließlich an der Tür und der Cateringdienst brachte das georderte Menü. Alles sah fantastisch aus. Gerade fertig geworden und die Kerzen rund um den Pool noch schnell angezündet, klingelten auch schon die ersten Gäste.

Nach und nach trudelten alle ein und es gab erst einmal ein Glas Champagner zur Begrüßung. Hilde gab dabei wirklich ihr Bestes. Und – natürlich zum

Schluss und als letzte Gäste – erschienen die beiden Herren von nebenan.

Wir machten Smalltalk im Stehen rund um den Pool herum, der jetzt, als es langsam dunkel wurde, als wunderbare Silhouette diente, durch die vielen am Beckenrand aufgestellten brennenden Kerzen. Dann nahmen alle Platz und das Dinner konnte beginnen.

Die Gäste waren zumeist Deutsche und Engländer. Wir sprachen daher einen Mix, bestehend aus Englisch und Deutsch. Wir unterhielten uns prächtig. Alle waren begeistert vom Essen und die Stimmung an diesem wunderschön milden Sommerabend war besonders gut. Es wurde auch viel getrunken und gelacht.

Als ich dann auf dem Höhepunkt des Abends mit meiner Ansprache beginnen wollte, erhob ich mich also von meinem Stuhl und klopfte mit dem Messer an mein Glas, um klarzumachen, dass nun eine Rede meinerseits folgen sollte. Genau in diesem Moment wurde Bert, der stets penible und auf alle Feinheiten achtende Nachbar, zum Star des Abends: „Kann ich mal bitte etwas gecrashtes Eis für meinen Wein haben? Im Eiskübel sind nur Rieseneisstücke. Die passen ja nicht mal ins Glas."

Es wurde mucksmäuschenstill. Keiner sagte ein Wort. Nur Bert wackelte mit seinem Glas herum und erwartete, dass jetzt das für ihn kleingehackte Eis gereicht würde.

Und dann sprudelte es aus mir heraus: „Sag mal. Dir ist ja wohl gar nichts heilig. Wie unverschämt fällst du mir hier eigentlich ins Wort? Deine ganze Pingeligkeit geht mir eh schon seit einiger Zeit auf den Nerv. Wenn das hier alles nicht gut genug für dich ist, dann solltest du lieber gehen."

Die Köpfe der Anwesenden drehten sich nun in Richtung Bert. Erwartungsvoll, was er wohl antworten würde. Der saß nur mit trübem Blick da und verstand gar nicht, was passiert war.

Dafür holte sein Partner Rudolf aus und entgegnete: „Was hast du gesagt? Wir sollen gehen? Das ist ja wohl das Letzte." Er stand auf, schnappte sich seinen Bert, der nach seinem fünften Glas Wein scheinbar etwas wacklig auf den Beinen war, und stürmte hinunter zur Gartentür.

Ich sagte nur ganz ruhig: „Ich begleite euch. Dann weiß ich, dass ihr auch weg seid." Und dann waren sie weg. Ich fühlte mich aber nach diesem beschämenden Auftritt nicht gerade wohl und wusste, dass ich das sicher auch hätte diplomatischer lösen können. Es wurde trotzdem noch ein tolles Fest und die anderen Gäste hatten diesen peinlichen Vorfall schnell vergessen.

Es sollte mir jedoch noch einige Zeit und Mühe ab-
verlangen, diese eingetretene Schieflage mit Bert und
Rudolf wieder geradezubiegen. Und die kommenden
Wochen haben das dann auch gezeigt.

***

*Fazit: Wenn du dir Gäste einlädst, musst du auch deren
Eigenarten akzeptieren. Also sei gelassen in solchen Situationen.*

23 Hilfe ich ersticke – Kopf im Schnee

Da mein Freund und Partner Ben wie jedes Jahr Silvester seinen Hotelgästen Gesellschaft leisten musste, so war ich auch zum Jahreswechsel 2014/15 wieder allein mit Benno, unserem Golden Retriever, der mich mit seinen großen Augen fragend ansah, wie wir denn dieses Jahr feiern würden.

Da ich schon lange nicht mehr mit Danny und Joschi aus Karlsruhe, meinen ehemaligen WG-Mitbewohnern aus der Studienzeit in Kassel, gesprochen hatte, fragte ich die beiden also am Telefon, was ginge. Und siehe da, eine spontane Einladung wurde ausgesprochen und schon packte ich in Windeseile meinen Koffer und Benno und ich waren auf dem Weg nach Karlsruhe.

Unterwegs schaffte ich es noch, ein Zimmer zum Übernachten in einem kleinen Gasthof in der Kleinstadt, in der Danny und Joschi mit ihrem Sohnemann Simon lebten, zu buchen, und so war also die Silvesterfete für dieses Jahr gerettet.

Als wir nach mehr als fünf Stunden Autofahrt im Gasthof ankamen, begann es, zu schneien. Und am darauffolgenden Tag, also dem Silvesterabend, sollte es noch viel mehr schneien. Wir richteten uns erst einmal gemütlich im Zimmer ein. Ich baute für Benno eine schöne Schlafstelle aus einer dicken Decke, auf der er sofort Platz nahm und quasi alle Viere von sich streckte. Das gesehen tat ich es ihm gleich und legte mich aufs weiche Bett. Nachdem wir uns ausgeruht hatten, marschierten wir beide vom Gasthof aus in Richtung Zentrum, in dem die drei ihr Häuschen hatten. Na ja, und als wir ankamen und klingelten, war die Wiedersehensfreude riesig.

Simon war mittlerweile so groß wie ich, stolze 1,87 Meter, und der Junge konnte sich sehen lassen. Danny und Joschi hatten immer noch ihr jugendliches Aussehen wie vor fünf Jahren, als wir uns das letzte Mal gesehen hatten. Wir quatschten über alte Zeiten und sie zeigten mir ihr Haus. Hinten im Garten hatte Simon bereits mit seinen Kumpels eine Art Jägermeister-Eisbar für den Silvesterabend aufgebaut. Und dann sollte es auch noch Raclette mit weiteren zwölf Gästen geben, die geladen waren. Wir redeten den ganzen Abend und irgendwann marschierten Benno und ich zurück in unsere Unterkunft und schliefen tief und fest in unseren gemütlichen Betten.

Am nächsten Tag holten mich Joschi und Simon im Gasthof ab und wir fuhren rüber nach Frankreich, das mit 20 Kilometer Entfernung quasi um die Ecke lag. Hier kauften wir frische Meeresfrüchte und Schinken für das Silvesteressen ein. Benno ließ ich abends im Pensionszimmer, denn er verträgt die lauten Kracher und Raketen nicht so gut.

Wir begannen recht früh mit Freunden und Nachbarn von Danny und Joschi mit dem Essen und dazu gab es natürlich tollen Wein vom Kaiserstuhl. Wir waren alle total ausgelassen und irgendwann begann ich damit, öfter mal rauszugehen zu den Jungs, die draußen an der Eisbar Jägermeister ausschenkten und immer mal eine spezielle Zigarette rumgehen ließen. Zuerst habe ich gar nicht so recht gepeilt, was das war. Aber als ich dann das erste Mal daran zog, merkte auch ich, wie speziell sie war.

Dazu der Jägermeister und natürlich drinnen abwechselnd Wein.

Beim dritten Besuch an der Eisbar sagte Simon: „Michel, ich glaube, es ist keine gute Idee, noch mal an der Spezialzigarette zu ziehen. Mit Alkohol kombiniert kann das extrem wirken."

Aber ich weiß ja alles besser und entgegnete: „Simon, das haben wir früher schon so gemacht, da warst du noch gar nicht geplant. Ich weiß, wie das geht", und zog tief an der im Kreis herumgereichten Zigarette.

Dann war es soweit: Die Kirchenuhr schlug zwölf. Neujahr. Und alle waren aus dem Häuschen, sprichwörtlich, denn wir standen vor dem Haus auf der Straße und die Jungs fackelten ihre Raketen und Böller ab. Es qualmte und knallte überall. Ich stand da und als ich jemandem „Frohes neues Jahr" zurufen wollte, passierte es. Es kam nur noch ein „Farasnaras" aus meinem Mund. Ich versuchte es erneut. Wieder nur: „Farasnaras", oder so etwas Ähnliches. Ich konnte nicht mehr sprechen. Plötzlich drehte sich alles und ich bekam eine Art Tunnelblick. All das innerhalb weniger Minuten.

Mein Lallen wurde nicht deutlicher und mein Sichtkanal schränkte sich mehr und mehr ein. Ich sah die Leute um mich herum nur noch schemenhaft und dachte, ich müsste sofort von dort weg. Es waren gute anderthalb Kilometer vom Haus bis hinunter zum Gasthof. Also marschierte ich los. Vorbei an Menschen, die ihre Böller abschossen und mir zuwinkten und mir ein frohes neues Jahr wünschten. Ich sah sie wohl nur mit weit aufgerissenen Augen an und wollte nur noch in mein Zimmer.

Endlich war ich am Gasthof angekommen. Gott sei Dank waren dort keine Leute auf der Straße, doch ich hörte Stimmen und Musik aus dem Inneren der Gaststube.

Ich ging zielstrebig auf die Pensionseingangstür zu, stolperte über irgendetwas und fiel mit meinem Gesicht in einen winzigen Schneehaufen, den dort jemand zusammengekehrt hatte. In diesem winzigen Schneehäuflein steckte nun mein Gesicht. Und irgendeine starke Kraft zog mein Gesicht wie einen Magneten an und tiefer in den Schnee hinein. All meine Bemühungen, den Kopf aus demselben zu ziehen, schlugen fehl. Ich schaffte es nicht, weil mir komplett die Orientierung fehlte. Und dann dachte ich: „Oh Gott, lass mich bitte jetzt hier nicht ersticken, in einem winzigen Schneehäuflein in einem Dorf bei Karlsruhe am Ende der Welt. Nicht jetzt. Nicht hier."

Und dann nahm ich all meine Kräfte zusammen und mit einem Ruck gelang es mir, mein Gesicht aus der

weißen Kälte herauszuziehen. Ich holte erst einmal tief
Luft und war befreit.

Dann torkelte ich die Treppenstufen hoch zu meiner
Zimmertür und es gelang mir, obwohl sich alles um
mich herumdrehte, das Schloss zu entriegeln und mich
ins Bett fallen zu lassen. Benno musste ganz schön
erstaunt gewesen sein, als er dieses Schauspiel sah.
Eines aber war sicher: Ich war im Bett und lebte.

Am nächsten Morgen hatte ich nicht einmal Kopf-
weh. Zuerst nahm ich eine ausgiebige Dusche und
nach einem Gassigang mit Benno ließ ich mir mein
Frühstück unten im Frühstücksraum des Gasthofes

schmecken. Und dann kamen Danny und Joschi dazu und erzählten mir, dass sie mich überall gesucht hätten. Aber als ich letzte Nacht auf ihr Klopfen an der Zimmertür hin nicht reagiert hätte und sie mich lautstark schnarchen gehört hätten, seien sie beruhigt wieder zu ihrer Feier zurückgegangen.

Offenbar hatte keiner so recht bemerkt, dass ich völlig blau gewesen war. Und meine große Erfahrung, die ich ja angeblich im Umgang mit Spezialzigaretten und Alkohol hatte, war wohl doch nicht ganz so groß, wie ich sie dargestellt hatte.

***

Fazit: Vermische niemals Dinge, die du nicht kennst. Es kann sehr gefährlich werden.

24 Ben sagt *Tschüss*

Bis hierher hatten mich bereits zwei Hörstürze ereilt. Körpersignale, die ich ignorierte. Und jedes Mal, wenn ich danach in einer psychosomatischen Spezial-Privatklinik war, kam ich als neugeformtes spirituelles Irgendwas wieder nach Hause und wollte zudem die Welt mit Ruhe, Gelassenheit, Meditationen und Chi Gong-Übungen bekehren. Aber bereits nach vier Wochen war alles wieder wie zuvor und ich mitten drin im Hamsterrad des Lebens des Michel M.

Die Ratschläge meiner Ärzte waren klar und eindeutig: „Hör auf, wenn du es finanziell kannst", wurde mir eindringlich geraten. Na ja, das mit dem Aussteigen war nicht ganz so einfach. Dennoch besprach ich das Thema ernsthaft mit meinen Bossen in Paris und vereinbarte einen Ausstieg auf Raten. Innerhalb von drei Jahren baute ich mir einen Nachfolger auf und reduzierte sechsmonatsweise meine Arbeitszeit bei gleichzeitiger Übertragung der Verantwortung auf meinen überehrgeizigen Nachfolger.

Und dann kam der große Tag: mein letzter Arbeitstag mit einem Abschiedsessen von meiner Stammgruppe in Paris und Deutschland. Es war bewegend und ernüchternd: 20 Jahre lang wurde ich gequält und geprügelt, und das alles unter größtem Einsatz. Am Ende war ich völlig ausgelaugt – und man schenkte mir eine Reisetasche aus echtem Leder und einen Gutschein für ein Wochenende in einem Luxushotel. Das war ich also wert: ein *weekend full of fun with Ben.*

Und da wurde mir klar: Keiner meiner Kollegen und Bosse, die mich 20 Jahre beruflich begleitet hatten, kannte Ben. War Ben überhaupt noch da? Wie sehr hatte ich ihn vergessen, meinen so treuen Partner, der trotz meiner ewigen Abwesenheit und – wenn ich dann mal zu Hause war – ständigen Nörgelei (weil ich alles besser wusste und mit nichts zufrieden war) zu mir hielt. Nein, Ben war weg! Und ich realisierte das erst jetzt.

Da war noch Benno, unser gemeinsamer Golden Retriever. Er schaute mich mit großen Augen an und ich wusste gar nicht so recht, was ich nun mit diesem Hund anfangen sollte. Ich überlegte sogar, ob er wohl bissig wäre. Ob er nur so freundlich schaute, um mich des nachts, wenn ich tief schliefe, anzugreifen und mich in den Kopf zu beißen? Man liest sowas ja immer wieder. Eines aber war 100-prozentig sicher: Benno war eine treue Seele und wurde schließlich mein bester Kumpel.

Meine Mutter war mittlerweile von uns gegangen, mit fast 90 war sie bis zum Schluss eine tolle und im Alter immer stärker werdende Frau geworden. Aber als ich sie kurz vor ihrem Tod einmal besuchte und fragte, wie es ihr so gehe, antwortete sie: „Ich kann mein altes Gesicht im Spiegel nicht mehr ertragen." Da wusste ich, dass es bald soweit sein würde. Kurz darauf saß sie noch einmal neben mir im Auto und ich bat sie inständig darum, mehr zu essen, weil sie so sehr an Gewicht verloren hatte.

Sie klopfte mir sanft auf das Bein und sagte, während ich fuhr: „Es ist alles gut so, wie es ist. Und wenn die Zeit gekommen ist, dann ist es so. Und die Zeit ist nun gekommen."

Ich würgte und versuchte, noch etwas zu entgegnen, aber ich bekam kein einziges Wort heraus. Zwei Wochen später rief mich mein unter einer alkoholvernebelten Wolke steckender Bruder an und erzählte mir, dass sie gestorben sei.

Zu dieser Zeit bemerkte ich, dass mir Ben, der schon zwei Jahre zuvor aus unserer gemeinsamen Düsseldorfer Wohnung ausgezogen war, mehr und mehr fehlte. Ich versuchte also, ihn zurückzugewinnen. Dann kam der Tag, an dem wir wieder vereint in eine neue Wohnung in Düsseldorf zogen und uns Besserung, Veränderung und unsere Liebe versprachen.

***

Fazit: Die in all den Jahren des Karrieremachens verlorene Zeit für die Liebsten, die Sehnsucht und Trauer: ab damit zu den Erfahrungen meines Lebens.

25 Neuorientierung?

Da ich nun nicht mehr in mein altes Büro gehen musste, aber dennoch stete Energie und Kraft in mir verspürte, gründete ich erst einmal eine Beraterfirma für die Baustoffindustrie. Und wurde tatsächlich auch sofort von Unternehmen in Deutschland engagiert. Ich beriet Industriebetriebe, die expandieren wollten. Und reiste, ein wenig mehr befreit, für diese durch die Lande. Aber mit fortschreitender Zeit bemerkte ich, dass die Nachfrage nach meinem Beratungsangebot schrumpfte.

Irgendwann war von der Nachfrage nichts mehr übrig und ich saß – die Wände anstarrend – zu Hause herum. Ben schuftete mittlerweile als Manager eines der teuersten und besten 5-Sterne-Hotels in Deutschland wie ein Tier.

Ich war total stolz auf ihn, aber er arbeitete sechs Tage die Woche, mindestens zwölf Stunden am Tag. Wir hatten absolut keine Zeit mehr für uns. Und ich verstand, wie es ihm damals, als ich meiner Karriere hinterhergelaufen und in der Weltgeschichte herumgereist war, ergangen sein musste.

Dann, irgendwann, erzählte mir Ben von einer Weiterbildung, die er in Berlin absolvieren wollte. Er wollte sich zum Coach ausbilden lassen. Ich fand das Anmeldepapier und da ich ja nichts zu tun hatte, rief ich dort an und hatte gleich einen sympathischen Herrn an der Strippe, der mir auf meine Frage, ob es denn da für mich auch noch einen Ausbildungsplatz gebe, mit einem klaren „Ja, selbstverständlich. Wir freuen uns auf Sie!" antwortete.

Ich war total happy und freute mich schon auf den Abend, wenn Ben nach Hause käme und ich ihm von der Neuigkeit berichten konnte. Als er dann nach Hause kam und ich ihm verriet, dass wir diese Weiterbildung in Berlin gemeinsam machen würden, war er außer sich, schimpfte und war zudem irritiert darüber, dass man dort seinen Partner zur selben Zeit und für denselben Lehrgang angenommen hatte.

Nachdem er dann selbst noch einmal mit dem netten Herrn namens Herry, der zudem Mitinhaber der Coachingfirma war und später ein guter Freund von uns wurde, telefoniert hatte und dieser Ben beruhigend erklärte, dass überhaupt keine Probleme zu erwarten seien, erst da wurde Ben ebenfalls ruhiger und meinte trocken: „Da muss ich aber erst noch einmal drüber schlafen."

Was immer das auch meinte, wir starteten jedenfalls ein paar Wochen später unsere achtmonatige Coachingausbildung und es war toll! Es machte tierischen Spaß und so machten wir beide etwas ganz Tolles gemeinsam – erstmals nach 20 Jahren!

In der Zwischenzeit kümmerte ich mich um meinen an Krebs erkrankten Vater, der sich davon jedoch nicht unterkriegen ließ und selbst im hohen Alter von 87 Jahren die Chemotherapie erfolgreich, wenn auch geschwächt, überstand. Jedes Wochenende fuhr ich von Düsseldorf nach Kassel und besuchte ihn im immer selben Rhythmus. Freitags einkaufen – samstags nach Bad Arolsen zum Würstchenessen bei Pitchelli – danach Kaffee und Kuchen im Stadtcafé. Sonntags dann zum Ponyhof Schneider zum deftigen Schnitzel- oder im Dezember zum Gänseessen. Zwischendurch hatte er immer mal Heißhunger auf asiatisches Essen.

Mir hats Spaß gemacht und wir beide verbrachten so eine tolle und enge Zeit miteinander. Eine Zeit voller Gespräche und ich lernte in diesen sieben Jahren nach dem Tod meiner Mutter meinen Vater als einen stolzen, intelligenten und gefühlvollen Menschen kennen. Später, nach seinem Tod, fragte mich die Pfarrerin, wie ich zu meinem Vater gestanden habe, und ich antwortete ohne Pause: „Mein Vater war ein guter Mensch. Ich habe gerade meinen besten Freund verloren."

Er verstarb mit fast 94 Jahren, weil er über einen seiner Perserteppiche gestolpert war. Sonst wäre er vermutlich heute noch da.

Übrigens, er sah immer 20 Jahre jünger aus, als er tatsächlich war. Das hat er mir offenbar vererbt. Danke für diese Gene, Papa!

Ab da verstand ich endlich, dass ich meinen Beschützerinstinkt meiner Mutter gegenüber, den ich als Kind verspürte, als mein Vater in jungen Jahren noch trank und meine Mutter schlug, längst hätte ablegen können. Denn mein Vater war der Beschützer meiner Mutter – ein guter zudem. Ich hatte vor Jahrzehnten eine Position zwischen meinen Eltern eingenommen, die mir gar nicht zustand.

***

Fazit: 40 Jahre Beschützerfunktion und Ablenkungstaktik, die ich daraus erarbeitete, waren eine Art Stress, die ich mir hätte komplett ersparen können. Die Erkenntnis: 40 Jahre meines Lebens falsch positioniert.

26 Eine weiche Seite in mir wird wiederbelebt

Als ich nach fast 20 Jahren bei dem französischen Konzern als Vice President meine berufliche Karriere beendet hatte, wollte ich also als Industrieberater all meine Kenntnisse auf diesem Sektor noch einmal einsetzen und so wurde ich auch gleich von einigen Ex-Kunden gebucht. Für gutes Honorar begann ich, einzelne dieser Unternehmen, vornehmlich in Deutschland, zu beraten und stellte Kontakte zu befreundeten Auslandsfirmen her.

Weit hat es mich allerdings nicht gebracht. Schon im zweiten Jahr meiner freiberuflichen Arbeit nahm die Nachfrage und somit auch der Zeitaufwand bedeutend ab. Es ließ darauf schließen, dass diese so gut mit mir befreundeten Firmen immer nur mein Netzwerk wollten und nicht wirklich meine fachliche Expertise. Das war noch einmal eine ziemlich enttäuschende Erfahrung, die ich machen musste. Tja, und so war es dann auch das letzte Mal, dass ich meinen südafrikanischen Freund Hendrik, der sich in Tschechien selbständig gemacht hatte und dem ich seit ebensolchen 20 Jahren stets geschäftlichen Rückhalt verlieh, zum letzten Mal begegnen sollte.

Er fühlte sich wohl irgendwie verpflichtet, nachdem er nun selbständig und ohne weitere Hilfen meinerseits schrittweise zum Millionär aufgestiegen war, mir einen

Beraterjob zu geben. Ich flog also in sein Land und begutachtete seine Geschäftsstellen. Am zweiten Tag des Wiedersehens besuchten wir noch kurz sein neues Zuhause im Zentrum der Stadt, das aus einem 1000 Quadratmeter großen, herrschaftlichen Gebäude bestand; er gewann bei der Führung durch sein Palais sichtlich an Arroganz.

Nachdem ich abgereist war, hörte ich so gut wie nichts mehr von ihm. War ja auch offenbar nicht mehr nötig, denn er brauchte mich nicht mehr. „Der Mohr hat seine Schuldigkeit getan. Der Mohr kann gehen." Vielleicht war es aber auch der Schock, den er erlitt, als ich ihm die Heirat mit meinen langjährigen Partner Ben verkündete. Denn Hendrik war zwar stets ein lockerer, trinkfreudiger und lustig wirkender Typ, aber offenbar war das konservative Korsett, in dem er steckte, zu eng für solche *Andersartigkeiten*.

Dazu habe ich aber auch vielleicht selbst beigetragen. Ich erinnere mich an Zeiten, die ich mit Henrik im Ausland verbrachte, in denen ich mich stets so darstellte, dass man – oder besser gesagt: er – keinen Anlass hatte, irgendeine Andersartigkeit meiner Gefühle und Orientierung zu vermuten. Es war während einer großen Baumesse in München. Wir beide und ein dritter dieser guten Geschäftsfreunde aus der Schweiz ließen es erst in einem Münchner Nobelrestaurant mit

157

Austern und Champagner so richtig krachen und anschließend, schon ziemlich angeheitert, ging es in eine Disco. Hier wurde getanzt, was das Zeug hielt, und ich beobachtete meine beiden Begleiter, wie sie systematisch die Tanzfläche nach weiblicher Beute abcheckten.

Dann wurde Blickkontakt zum Beutetier aufgenommen, es angetanzt und bei entsprechender Reaktion das lockere *Blablabla* begonnen, Drinks an der Bar spendiert und über belanglosen Mist gelacht. Bis es dann ans Finale ging.

Ich machte das Spiel mit. Zeigte meine attraktive heterogene Seite und so standen wir drei Kumpanen bald zu sechst an der Bar und hielten Smalltalk mit attraktiven Schönheiten. Hendrik blinzelte mir zu als Zeichen dafür, dass er gleich abrücken würde, ich solle ebenfalls mal *zuschlagen*. Der Schweizer nebst Begleitung war plötzlich bereits verschwunden.

Ich wartete, bis Hendrik mit einem leichten Kopfnicken in meine Richtung und Händchen in Händchen mit seiner Eroberung abzog. Die Meine wartete nun auf ein „Zu dir oder zu mir?" Etwas verlegen sagte ich kurzentschlossen, dass es mir leidtue, aber ich müsse nun auch los und habe dermaßen Magenprobleme, dass sie das sicher verstehen würde – und weg war ich. Am nächsten Morgen beim Frühstück in unserem Hotel war nur Hendrik schon um diese Zeit am

Kaffeeautomat und sagte: „Michel, it was great. And your lady?"

Ich antwortete kurz angebunden: „Great, too", ich sah ihn mit einem Grinsen an und fühlte mich wie der letzte Idiot. Ich konnte es einfach nicht zugeben. Noch nicht.

Dennoch, heute bin ich zwar enttäuscht von Hendrik, weil er sich von mir abgewandt hat, verzeihe ihm aber, auch dass er mich für meinen letzten Beraterjob nie bezahlt hat. Es war hilfreich für mich, im Anschluss die Ausbildung zum *Business Coach* in Berlin zu machen. Und dies gemeinsam mit Ben. Endlich etwas zusammen zu machen, das war im Prinzip mein Herzenswunsch. Nach 20 Jahren, die jeder von uns beiden beruflich in unterschiedlichen Richtungen lebte, sich die Zeit zu nehmen und Gemeinsamkeiten wiederzufinden.

So hatten wir über acht Monate lang eine riesige Gemeinsamkeit entwickelt: die Ausbildung zum Coach. Wir gingen zusammen brav in den Unterricht, machten unsere Schularbeiten zu Hause, beratschlagten uns, diskutierten Projekte, waren Teamkollegen, fetzten uns, aber verstanden uns während dieser Zeit dennoch besser als je zuvor. Wir wurden wieder Vertraute. Irgendwann, wenn man spürt, dass eine Partnerschaft in eine Routine verfällt, der Gesprächsstoff am Abend schnell ausgeht, die Gefühle sich rückwärts entwickeln oder der Reizpunkt, also das Level, an dem man anfängt, sich zu streiten, sehr tief liegt, dann sollte man nicht zur *Partnerberatung* gehen, sondern sich eine gemeinsame Auszeit gönnen und ganz viel an gemeinsamen Zielen arbeiten.

Ben machte diese Weiterbildung berufsbegleitend, war also für den Rest des Tages stets in seinem Job als Hotelmanager eines Fünfsternehauses eingespannt. Ich hingegen hatte Zeit und diese Zeit widmete ich dem Coaching von Menschen, die irgendwie ihr Ziel aus den Augen verloren hatten. Die keine Träume mehr hatten und denen der Spaß an dem, was sie taten, fehlte.

Es machte mir ungeheure Freude, mich mit diesen (leider) noch oft sehr jungen Menschen zu treffen und zu sehen, dass da selbst im noch so hoffnungslosesten Fall immer wieder ein kleines Glutnest aus Hoffnung und Träumen aufflackerte, das wir dann zum Lodern und Brennen bringen konnten. Es erfüllte mich mit Freude, Spaß und auch Glück, dass ich, der sonst mit klaren Ansagen agierende Ex-Manager, derjenige war, der bei anderen Menschen dieses Feuer erneut zum Brennen bringen konnte. Eine ganz andere, aber dennoch deutliche Seite von mir war entdeckt und konnte endlich den Raum füllen.

Tja, mit der Zeit, und es brauchte diese Zeit, kommen Erkenntnisse, die natürlich einen Auslöser benötigen, um dann sichtbar zu werden, die zurückblickend den Unterschied klar machen, zwischen dem, was gut war und was auf der Strecke geblieben ist.

Ich weiß nun, dass es Menschen in meinem beruflichen Umfeld über viele Jahre hinweg nur um ihren geschäftlichen Vorteil ging, und nicht um meine Freundschaft oder Zuneigung. Dass es bedauerlicherweise im Privatleben bei meinem engagierten Berufsleben schwere Einschnitte zu verzeichnen gab, die um Haaresbreite wunderbare Freundschaften, aber auch meine Liebe kaputtgemacht hätten, und dass es irgendwann Zeit war, dies zu korrigieren. Ich weiß, dass es sinnvoll ist, die *Guten* von den *Bösen* zu trennen und sich mit dem zu beschäftigen, was einen erfüllt.

Nur das hilft, wieder Glück spüren zu können, mit Leidenschaft die Liebe neu zu entwickeln und dem Raum und Zeit zu geben, für das, was guttut.

***

Fazit: Wenn du ein STOPP-Schild siehst oder spürst, halte an. Und ändere die Fahrtrichtung.

27 Meine Autounfälle waren spektakulär

Nicht verschweigen möchte ich in der Analogie meiner Lebensgeschichten meine Fahrkünste. Und weil ich ziemlich viele kleinere als auch größere Autounfälle hinlegte, möchte ich nur auf die eingehen, über die es sich lohnt, zu schreiben.

Ich versuche, die Reihenfolge einzuhalten. Also, den ersten Unfall mit dem geklauten VW Käfer erwähnte ich ja schon in einem Kapitel zuvor. Ich war nicht mal 17 Jahre alt, als ich die Stoßstange und das Nummernschild zerlegte.

Weiter ging es dann mit meinem ersten Fiat 126. Ein knallrotes gebrauchtes Auto, das ich quasi aus dem Schaufenster heraus beim örtlichen Fiat-Händler meiner Heimatstadt erwarb. Schon während der Probefahrt fiel der Auspuff ab und mir wurde zugesichert, dass der natürlich und selbstredend bis zur Auslieferung repariert würde. Dennoch war ich stolz wie Bolle, als ich meinen 4-Türer abholte und ihn meinen Eltern, ich wohnte noch zu Hause, präsentierte.

Vater fuhr mittlerweile einen Audi 80 GL mit stolzen 115 PS, was zur damaligen Zeit einem Rennwagen glich. Über Nacht parkten unsere Autos draußen auf dem Parkplatz. Ich erinnere mich noch daran, wie es abends wie aus Kübeln zu regnen begann. Die ganze Nacht lang. Am nächsten Morgen wollte ich zu meiner Ausbildungsstelle nach Kassel fahren. Ich war gerade 19 Jahre alt geworden und bemerkte während der Fahrt, dass irgendetwas schwappte. Ein merkwürdiges Geräusch. Immer in den Kurven. Am Abend, wieder nach Hause zurückgekehrt, suchte ich das Auto ab und als ich die hinteren Türen öffnete und wieder schloss, kannte ich den Grund. Die Türen waren im Innenbereich, also hinter den Türverkleidungen, vollgelaufen mit Regenwasser. Das war also ein Fiat … böse Zungen definierten den Namen mit *Fehler in allen Teilen*. Ich hatte solch einen Fehler erstanden.

An meinem freien Samstagvormittag montierte ich schließlich die Verkleidungen ab und sah, dass sich bereits Rost an den Blechteilen der Tür angesetzt hatte. Um das Wasser herauszubekommen, bohrte ich also im Liegen unterhalb des Fahrzeugs mit einer Bohrmaschine Löcher von unten in die Türen. Daraus floss schließlich eine braune Brühe, die nicht enden wollte. So lag ich da und schaute diesem Herauslaufen des Wassers aus meinen *Fehlertüren* zu, als es plötzlich einen lauten Bums machte, mein Auto sich kurz schüttelte und ich mich ziemlich erschrak.

Ich sprang auf und sah, wie mein Vater versuchte, seinen Audi 80 rückwärts vom Parkplatz zu manövrieren, und weil er ziemlich beleibt war und

Schwierigkeiten mit dem Umdrehen im Auto hatte, fuhr er fast nur nach *Spiegel*. Dabei nahm er meine rote *Neuanschaffung* nicht wahr und fuhr mir eine Riesenbeule in die Vordertür.

Er stieg kurz aus, schaute, ob seinem Auto nichts geschehen war, und meinte trocken: „Oh, entschuldige. Hab dich nicht gesehen."

Er stieg wieder ein und fuhr, als sei nichts passiert, weg. Ich konnte es nicht glauben, aber anscheinend sollte mir mein neuer Fiat nicht viel Freude machen.

Als nächstes Auto konnte ich mir nach der Berufsausbildung einen Opel Manta B leisten. 115 PS, orangefarben, tiefergelegt und mit Breitreifen. Ein prächtiges Fahrzeug, mit dem man richtig angeben konnte.

Der Fehler, den ich dabei beging, war folgender: „Den melde ich im Winter ab und fahre ihn nur im Sommer", erklärte ich Vater. „Der ist zu schade für Schnee und Matsch und behält dann seinen Wert."

Gesagt – getan, der Winter kam, ich meldete mein bestes Stück ab, bugsierte ihn in die Garage und vergaß ihn für einige Monate. Dann, im April des Folgejahres, war es soweit. Ich brachte Licht und Wärme in den dunklen Abstellraum, wo ich meinen Manta aus dem Winterschlaf aufwecken wollte. Ich freute mich so sehr, mit diesem schnittigen Teil wieder über die Straßen im

Wolfhager Land zu gleiten und die Blicke der neidischen Jungen *unbemerkt* zu genießen.

Also startete ich den Anlasser, doch nichts passierte. Ich öffnete die Motorhaube. Da waren sie sichtbar, die 115 PS, aber nichts tat sich.

Enttäuscht lief ich zu meinem Nachbarn, einem KFZ-Mechaniker, und er war Gott sei Dank auch zu Hause. Nachdem er sich ein Bild von der Situation gemacht hatte, stellte er die Diagnose: Der Motor war eingefroren, war noch halb eingefroren, weil ich vergessen hatte, ein Frostschutzmittel ins Kühlwasser zu füllen, bevor ich den Wagen im November des Vorjahres in der Garage geparkt hatte. Teilweise lagen die Nachttemperaturen dann bei minus 16 Grad und das war zu viel für den Motor. Das Wasser gefror und der Motor war kaputt. Für mich bedeutete das mehr als 2.500 DM Schaden und eine kostspielige Erfahrung. Noch schlimmer aber war die Enttäuschung.

Dann kam ein Opel Monza, ein Ford Konsul, deren Seiten ich meist beim Vielzuschnellfahren verbeulte. Kleine Schäden, die genauso unnötig waren, wie die größeren, die noch kommen sollten.

Als ich dann einen wunderschönen Opel GT, Baujahr 1972, mit herausklappbaren Scheinwerfern erstand, schien mein Autoglück vollkommen. Es war Winter. Ich hatte Winterreifen aufziehen lassen, die

Schneeketten im Kofferraum und wollte an einem sonnigen Januar-Samstagmorgen ins nahegelegene Sauerland zum Skifahren. Es hatte in meiner Stadt schon geschneit. Die Straßen waren weiß und mit Schnee bedeckt und so packte ich meine Sachen zusammen und freute mich riesig auf meinen Ausflug. Dann ging es los. Zwischen Wolfhagen und Arolsen konnte ich es nicht sein lassen und überholte mit meinem 115 PS Zweisitzer das örtliche Polizeiauto. Die Musik im Auto war genauso lautstark aufgedreht wie meine gute Laune. Jerry Raffertys *Baker Street* hallte durch meine selbstinstallierten Zusatzkugellautsprecher und ich sang beschwingt mit.

Ich kam dann noch etwa zwei Kilometer weit, als plötzlich von links nach rechts drei Rehe über die Straße liefen. Sie kamen wie aus dem Nichts aus dem Wald und ich versuchte noch, auszuweichen, aber das dritte Reh knallte direkt gegen meine Motorhaube und flog im hohen Bogen durch die Luft. Der Wagen begann zu schleudern, ich kam von der Fahrbahn ab und fuhr die Böschung runter, bis ich im hohen Schnee zum Stehen kam. Jerry Rafferty schrie immer noch aus den Lautsprechern und mir wurde übel. Dann klopfte jemand an meine Seitenscheibe. Ich drehte diese runter, es war der Polizist, den ich zuvor überholt hatte. Mit einem hämischen Grinsen sagte er zu seinem Kollegen:

„Siehste. Wie ich dir gesagt hab. Den sehen wir wieder."

Mit einem VW Bus war ich dann mal in Hannover und stellte mich auf der Vahrenwalder Straße quer auf die Straßenbahnschiene, weil ich einen U-Turn machen wollte. Da aber Gegenverkehr zu beachten war, musste ich abwarten. Die Überraschung dabei nahm ich allerdings beim Blick in den Außenspiegel wahr. Da kam mit hoher Geschwindigkeit die Straßenbahn auf mich zu und im letzten Moment sah ich, dass der Fahrer sich gerade nach irgendetwas bücken musste, denn sein Kopf war nicht zu sehen. Und dann krachte es auch schon. Mein Bulli war in zwei Hälften zerlegt, hinter meinem Sitz, ich aber wohlauf. Es gab eine Gerichtsverhandlung, die zu meinen Gunsten ausging, hatte doch ein Fahrgast in der Straßenbahn genau das ausgesagt, was ich vermutet hatte.

Dann folgte eigentlich mein Meisterstück eines Autounfalls. Es ereignete sich mit meinem schwarzen BMW der 5er-Serie. Dem mit dem Autotelefon, als ich Partner in der Werbeagentur war. Ich war den ganzen Tag im Osten, also in Thüringen unterwegs, und hatte viele Geschäftsgespräche an diesem Tag. Als ich abends auf dem Heimweg zurück nach Kassel war, tat es einen lauten Knall und eine Taube war gegen die Windschutzscheibe geflogen. Alles war blutig und überall waren Federreste. Also fuhr ich zur nächsten Autowaschanlage und ließ die Spuren des Schreckens, der mir zudem in den Knochen saß, weil das arme Tier mich als Ziel ausgesucht hatte, beseitigen.

Es war spät, als ich in Kassel ankam, kurz vor Mitternacht. Ich passierte gerade das Kasseler Kreuz und hatte nur noch eine Abfahrt vor mir, um endlich zu Hause anzukommen, als alles anders kommen sollte: Ich nahm vor mir auf der rechten Spur einen PKW langsam hinter einen LKW fahrend wahr. Sonst war die Straße komplett frei. Mit circa 160 km/h kam ich näher und plötzlich scherte dieser PKW, es war ein Jaguar, das weiß ich noch, nach links aus. Ich musste, um einen Aufprall zu verhindern, eine Vollbremsung machen. Dabei verlor mein Auto die Spur, kam ins Schleudern, prallte erst gegen die mittlere Leitplanke, dann schoss der Wagen quer über die beiden Spuren meiner Seite und gegen die Außenleitplanke und ich verlor das Bewusstsein.

Ich weiß nicht, wie lange ich da ohnmächtig im Auto saß, aber als ich wieder zu mir kam, war ich allein. Kein anderes Fahrzeug war zu sehen. Kein LKW, kein Jaguar und nur ein paar Autos fuhren langsam an mir vorbei. Ich stand auf dem Standstreifen und quetschte mich aus dem vollkommen demolierten Fahrzeug durch die Seitenscheibe nach draußen. Selbst die zwei

Hinterräder waren weg und alles ringsherum war kaputt. Ich stand da und war wie betäubt. Konnte keinen klaren Gedanken mehr fassen, nahm meinen Aktenkoffer aus dem Wagen und marschierte los.

Zu diesem Zeitpunkt habe ich nichts mehr von alledem, was ich hier beschreibe, gewusst. Ich hatte einen Blackout. Erst Tage später kam, Schritt für Schritt, die Erinnerung zurück – im Krankenhaus. Ich ging also durch die Nacht, übergab mich mehrmals, durchquerte ein Feld und erreichte dann die Stadt. Ich musste wohl zielstrebig auf das Haus meines sehr verehrten Herrn Direktor Kaufmann zugegangen sein, denn irgendwann in den frühen Morgenstunden klingelte ich ihn aus seinem Bett. Da stand ich vor seiner Tür, blaue Flecke überall, zerrissene Hose, keine Schuhe an, mit einem Aktenkoffer in der Hand – und kippte ihm quasi in die Arme.

Im Krankenhaus kam ich dann wieder zu mir. Polizei war mittlerweile auch da, hatten sie doch noch in der Nacht nach dem Fund meines demolierten Autos überall mit großem Aufgebot an Helfern in der Umgebung nach mir gesucht. Ich blieb für die nächsten zehn Tage mit Schürfwunden und einem gehörigen Schock im Krankenhaus.

Der Jaguar wurde nie ausfindig gemacht. Aber meine Geschichte, die mir wieder einfiel, überzeugte Polizei und Staatsanwaltschaft und die Versicherung zahlte den Schaden. Und ich war am Leben! Das war das Wichtigste. Gott sei Dank!

***

Fazit: Wie man sieht: Kratzer und Beulen kann jeder. Meine meisterhaften Totalschäden im Laufe meines Lebens zeigten mir aber: Da war immer ein Schutzengel in meiner Nähe, der aufgepasst hat. Ihm bin ich dankbar. Und darum glaube ich an Engel.

28 Vaters Sturz

Es war Anfang November und noch recht mild an diesem Tag. Mein Vater lag im Krankenhaus und hatte sich am Vortag einem Routineeingriff unterzogen, um die Nierenleiter zur Blase, wie schon acht Mal zuvor, von Verkalkungen und Ablagerungen freimachen zu lassen. Dennoch, es blieb eine unter Narkose gemachte OP, die mit 93 Jahren nicht ganz leicht wegzustecken war.

Die Krankenstation rief mich also an und sagte mir, ich könne meinen Vater abholen. Das verwunderte mich sehr, denn üblicherweise blieb er noch mindestens zwei Nächte danach zur Kontrolle im Krankenhaus, und um sich zu erholen. Ich fuhr also hin und als ich in seinem Zimmer ankam, lag er schläfrig und sehr schwach auf dem Bett.

„Und du kannst wirklich schon nach Hause?", fragte ich ihn.

„Ja, ich will hier weg", sagte er und deutete auf seine fertig gepackte Reisetasche, die auf dem Stuhl stand.

„Du, Vater, ich will aber noch einmal mit dem Arzt sprechen", entgegnete ich und ging in Richtung Stationszimmer. Dort angekommen kam mir ein bis dahin unbekannter junger Arzt entgegen, den ich auch sofort ansprach.

„Ist mein Vater tatsächlich reisefertig?" fragte ich ihn direkt.

„Wer ist denn Ihr Vater?", fragte er.

„Georg Meinhardt", erwiderte ich.

„Ja, alles gut verlaufen. Sie können ihn mitnehmen", bekam ich als Antwort.

„Aber er ist doch recht schwach und macht keinen guten Eindruck auf mich", antwortete ich.

Daraufhin ging der Arzt, dessen Name ich bis heute nicht weiß, weil er völlig unverständlich klang, mit mir gemeinsam in das Zimmer zu meinem Vater.

„Herr Meinhardt, wie fühlen Sie sich?", fragte er in einer sehr lauten Stimmlage. Wahrscheinlich ging er davon aus, dass man alte Leute stets laut ansprechen müsste, damit sie etwas verstünden.

„Schwach", sagte mein Vater.

„Sie können ruhig nach Hause. Ruhen Sie sich dort aus", sagte der Arzt, drehte sich um und verschwand auf Nimmerwiedersehen.

Ich fasste meinen Vater unter die Arme, brachte ihn auf die Beine, zog ihm seine Jacke über, schnappte mir die Reisetasche und wir verließen das Zimmer mit einem: „Dann noch gute Besserung", dem anderen Patienten, der sich das Zimmer mit Vater teilte, zurufend.

Dieser sagte kurz: „Das ist unverantwortlich von dem Arzt, deinen Vater so früh hier rauszuschmeißen. Aber die brauchen wohl das Zimmer."

Ich setzte meinen Vater ins Auto und wir fuhren nach Hause. Auf dem Weg schlief er mehrmals ein und schwitze sehr. Ich machte mir echte Sorgen und rief von unterwegs aus meinen Bruder Achim an. Der kam dann auch schnell zur Eingangstür am Haus meines Vaters und so hievten wir den immerhin gute 90 Kilo wiegenden Mann hinein in seine Wohnung und in die erste Etage.

„Ich bin dafür, dass du dich gleich ins Bett legst", sagte ich zu meinem Vater.

„Nein, ich will in meinen Sessel", entgegnete er.

Er hatte einen elektrischen Fernsehsessel im Wohnzimmer und liebte es, dort den ganzen Tag zu verbringen. Also setzten wir ihn in denselben, schalteten den Fernsehapparat an und Vater schien beruhigt und angekommen zu sein.

„Wenn was ist, ruf mich an", sagte Achim, und wir verließen die Wohnung. Achim wohnte ja direkt im Haus nebenan und war stets bereit, wenn mein Vater etwas brauchte. Irgendwann abends bekam ich einen Anruf von meinem Bruder, der mir mitteilte, dass unser Vater beim Toilettengang gestürzt sei und jetzt im Bett liege. Da ahnte ich noch nicht den Ernst der Lage. Am nächsten Morgen um sieben Uhr klingelte wieder das Telefon: „Michel, komm rüber, Vater muss ins Krankenhaus, ich habe den Notruf aktiviert. Er bekommt kaum noch Luft."

Ich stürzte zum Auto und fuhr die zehn Kilometer zum Haus meines Vaters in acht Minuten. Dort angekommen stand der Rettungswagen auch schon vor der offenstehenden Tür. Im Schlafzimmer drängten sich Sanitäter und ein Arzt.

„Wir müssen ihn mitnehmen. Verdacht auf Rippenbrüche", sagte der Notarzt. Dann halfen wir vier ausgewachsenen Männer, diesen schweren Mann aus dem Bett und auf die Krankentrage zu hieven. Dabei schrie Vater vor Schmerzen. Im Krankenhaus angekommen wurde er geröntgt und auf ein Zimmer gebracht.

„Vier Rippen gebrochen sowie Schulterbruch und die Hüfte hat auch was abbekommen", erklärte uns der zuständige Stationsarzt das Röntgenergebnis.

„Machen können wir nichts, keine OP oder Sonstiges. Er muss da jetzt durch, aber er ist schon ziemlich betagt und es wird hart für ihren Vater", kommentierte er es und ließ uns allein.

Ab da begann für Achim und mich eine Zeit von zweieinhalb Monaten, die wir nie vergessen sollten.

***

Fazit: Die Verantwortung kommt zu dir zurück. Du kannst dich ihr nicht entziehen.

29 Er kämpft wie ein Löwe, aber Gott entscheidet

Vier Wochen im Krankenhaus – und die im Liegen. Schmerzen in der Brust und zudem noch eine Lungenentzündung, das war das Resultat seit Vaters Einlieferung ins Krankenhaus.

Dann sagte der Arzt plötzlich: „Herr Meinhardt, Sie müssen nun einen Platz für Ihren Vater finden, wo er gepflegt wird", er stellte die Antibiotikainfusion ein und mein Bruder und ich sahen uns fragend an.

„Nach Hause geht nicht. Er kann ja nicht mal auf die Toilette", sagte ich.

„Und wer soll ihn pflegen?" fragte Achim. Aber die Krankenhausleitung und die Krankenkasse machten Druck. Er sei austherapiert und heilen könne das auch zu Hause oder in einer Kurzzeitpflege, war der Hinweis.

„Wir müssen zusehen, wo wir einen Platz bekommen. Das wird nicht leicht", sagte Achim.

„Ich ruf mal in Korbach an. Da ist die Tante von Ben in leitender Stellung im Krankenhaus. Vielleicht kann die uns helfen", entgegnete ich und rief dort gleich an. Nach einem langen Telefonat mit Bens Tante bekamen wir schon am Nachmittag das Okay, Vater in die Geriatrie in das 30 Kilometer entfernte Stadtkrankenhaus bringen zu lassen. Dort angekommen wurde

Vater auch intensiv untersucht und wir schöpften neue Hoffnung, denn er war immer schwächer geworfen und wir befürchteten das Schlimmste. Er wurde sehr liebevoll aufgenommen und ich spürte, wie sich seine Lebensgeister nach langer Pause zurückmeldeten.

Schon nach drei Tagen begannen die Therapeuten, ihn wieder auf die Beine zu stellen. Mithilfe einer Gehhilfe, in die er sich hineinlehnen konnte, sowie zwei Pflegern begann Vater, wieder laufen zu lernen. Er war happy, fing wieder an zu lachen, und ab da wurde im Sitzen gegessen und sein Appetit kam auch wieder zurück.

Wir schienen das Blatt noch einmal gewendet zu haben und waren glücklich, Vater auf dem Weg der Besserung zu sehen. Jeden Tag holte ich Achim von zu Hause ab und wir fuhren, immer zur selben Zeit, die 30 Kilometer nach Korbach.

An diesem Morgen waren wir gut gelaunt, denn wir wollten Vater erzählen, dass wir sein Schlafzimmerbett umgebaut hatten, mit einer höheren Matratze zum besseren Ein- und Aussteigen, für die Zeit, wenn er wieder zu Hause wäre.

Im Krankenhaus fing uns die Stationsärztin sofort ab und bat uns in ihr Büro.

„Ihrem Vater geht es seit gestern Abend schlechter. Ich weiß nicht genau warum, aber wir vermuten, dass die Lungenentzündung zurück ist", sagte sie und schaute uns dabei mit besorgtem Blick an.

„Wie konnte denn das passieren?" entgegnete ich schockiert. „Er war doch übern Berg. Und jetzt?"

„Er bekommt ein anderes Antibiotikum. Ich hoffe, er spricht darauf an, denn er hat schon so viele unterschiedliche Antibiotika bekommen und reagiert teilweise resistent.

Von diesem Tag an baute unser Vater täglich mehr und mehr ab. Er wurde immer dünner und aß nichts mehr. Er weinte und wusste wohl, dass es sehr ernst um ihn stand. „Ich will doch nicht sterben", sagte er immer zu uns, wenn wir zu ihm kamen. Wir beruhigten ihn und ließen ihn immer in der Hoffnung, dass es ihm bald wieder besser gehen würde.

Nicht ein einziges Mal verlor unser Vater zu dieser schweren Zeit seinen Verstand. Er sah trotz seines schlechten Gesundheitszustands fern und konnte uns alles, was in der Welt passierte, am nächsten Besuchstag erzählen. Und so bekam er natürlich auch im klaren Geisteszustand mit, dass es immer schlechter um ihn stand und die Medikamente nicht mehr ansprachen.

„Wir können nichts mehr für ihren Vater tun", sagte die zuständige Ärztin eines Tages. „Sie müssen ihren Vater in eine Pflegeeinrichtung bringen lassen." Dasselbe war uns vorher schon einmal passiert: im ersten Krankenhaus, in dem sie Vater quasi vor die Tür gesetzt hatten. Und jetzt wieder. Weil angeblich die Krankenkasse das Krankenbett nicht weiterbezahlen würde.

„Wo leben wir eigentlich", fragte ich meinen Bruder, „dass man Menschen, die keine Chance auf Genesung haben, zum Sterben rausschmeißt." Wir bekamen keinen Pflegeplatz, egal wo wir anriefen, alles war überfüllt. Dann fragte ich in meiner Not den damaligen Urologen meines Vaters, der mittlerweile eine Art Freund war, was wir tun könnten. Und er erklärte sich bereit, Vater in das zuerst genannte Krankenhaus unserer Kleinstadt zurückzunehmen und sich um ihn zu kümmern.

Nach vier Wochen also zurück dorthin, wo Vater eigentlich herkam. Nach nur fünf Tagen bekam er dann noch eine Grippe auf die Lungenentzündung oben drauf und wurde damit auf die Intensivstation verlegt. Jeden Morgen trafen Achim und ich uns und wir fuhren Punkt zehn Uhr zu Vater. Immer hatten wir Angst, die Zimmertür aufzumachen, denn wir wussten nicht, in welcher Verfassung wir ihn dieses Mal antreffen würden.

Schon seit Wochen war ich nicht mehr bei Ben in unserer Wohnung in Düsseldorf, sondern tagein tagaus bei Vater. An den Nachmittagen saß ich meist in unserem Haus in der Nähe der Stadt und beschäftigte mich mit Lesen oder Sporttreiben im nahgelegenen Fitnessstudio.

Eines Tages, es war so gegen 16 Uhr und draußen schneite es, saß ich im Haus. Es war still und irgendeine Stimme sprach zu mir, ich sollte jetzt bei Vater sein. Verwundert über dieses Gefühl und den Drang, zu meinem Vater gehen zu müssen, fuhr ich los.

Dort angekommen machte ich leise die Tür seines Zimmers auf. Der Mann, der bisher am Fenster gelegen hatte, war am Tag zuvor gestorben. Vater lag allein da und schlief. Es war dunkel. Nur ein Notlicht spendete dem Raum etwas Licht. Also setzte ich mich leise an Vaters Seite und sah ihn an. Er sah friedlich aus. Keine einzige Falte im Gesicht. Ein tolles Gesicht. Gar nicht krank. Nur entspannt, als ob er zu Hause gut behütet in seinem Bett schlafen würde. Plötzlich öffnete er seine Augen und drehte langsam und ruhig den Kopf in meine Richtung. Ich hielt seine Hand.

„Jetzt war ich gerade auf einer schöne Blumenwiese auf einer Waldlichtung und die Sonne schien und die Vögel zwitscherten. Es war so schön. Und nun bin ich wieder zurück in diesem Albtraum", sagte er und sein Blick schweifte durch den Raum.

„Dann geh doch wieder zurück auf die Wiese im Wald", sagte ich. „Hör den Vögeln zu. Und bleib dort."

Ich bekam Tränen in die Augen, denn mir wurde in diesem Moment bewusst, dass ich meinen Vater verabschiedete und ihm mein Einverständnis dafür aussprach.

„Du brauchst dir keinen Sorgen wegen uns zu machen", ergänzte ich, „uns geht es gut. Wir kommen zurecht." Und die erste dicke Träne löste sich aus meinem Auge.

„Meinst du wirklich?", er schaute mich fragend an.

„Ja", sagte ich, ihn anlächelnd und seine Hand drückend. So saß ich noch lange an seinem Bett und hielt mich an ihm fest. An diesem so starken Mann, der jetzt so sanftmütig und ruhig neben mir lag.

Am nächsten Morgen standen Achim und ich wieder, wie seit Wochen, vor der Krankenzimmertür und wussten, ohne es auszusprechen, dass es bald zu Ende wäre.

Als wir hineinkamen, begrüßte mein Vater uns aufrecht im Bett sitzend, mit Lesebrille auf der Nasenspitze und die Tageszeitung in den Händen hochhaltend: „Na ihr beiden", und er grinste dabei. „War ein gutes Gespräch gestern mit dir, Michel", sagte er und schien schon wieder übern Berg zu sein. Achim und ich wunderten uns nur. War das möglich? Nach all den Wochen! Wir waren glücklich, denn es schien tatsächlich so, dass wir Vater noch nicht verloren hatten.

Am nächsten Tag hörte ich ihn schon beim Betreten der Intensivstation vor Schmerzen schreien und rannte in sein Zimmer. Mein Bruder war bereits eingetroffen und mein Vater krallte sich an seinem Arm fest. Ich suchte den Stationsarzt, der war aber nicht da, weil es irgendwo einen Unfall gegeben hatte, und er dorthin gerufen wurde. Ich bat darum, meinem Vater ein Schmerzmittel zu verabreichen.

„Er hat bereits alles bekommen. Wir wissen auch nicht, woher jetzt diese plötzlich auftretenden Schmerzen kommen", sagte der zuständige Pfleger.

„Rufen Sie den Arzt an. Ich will, dass mein Vater sofort etwas bekommt." Er schrie im Hintergrund und ich werde diese Schreie niemals im Leben vergessen. Erst auf mein Drängen hin wurde ihm dann Morphium gespritzt.

Als der Stationsarzt endlich wieder präsent war, führten wir, zusammen mit Vaters Hauspflegekraft Brigitte, die sich stets jahrelang rührend um Vaters Wohlbefinden in seiner Wohnung gekümmert hatte, ein entscheidendes Gespräch: „Wenn wir jetzt dauerhaft Morphium geben, wird er nicht mehr aufwachen. Das Herz ist zu schwach. Aber ich verstehe diese Schmerzen nicht. Wir finden nichts, was diese verursachen könnte", erklärte der Arzt.

„Und wir wollen nicht, dass unser Vater leidet. Nach dieser langen Zeit muss er endlich Ruhe finden. Also bitte, stellen Sie ihn auf Morphium ein", entgegnete ich, sah Achim an und der nickte mir kurz zustimmend zu. Vater fiel in einen tiefen Schlaf. Es war gerade mal vier Tage nach unserem Gespräch über die grüne Wiese und die Waldlichtung in seinem Traum. Und genau daran dachte ich, als ich nun neben ihm saß und ihm bei seinem schweren Atmen zusah.

„Gehen Sie ruhig nach Hause. Wir rufen an, wenn etwas sein sollte", sagte die nette Nachtschwester und Achim und ich fuhren heim.

Wieder ging ich gegen 22 Uhr ins Bett und ließ mein angeschaltetes Handy auf dem Nachttisch liegen. Kaum war ich eingeschlafen, klingelte es und Achim war dran: „Hol mich ab, es ist soweit", hörte ich ihn sagen und zog mich in Windeseile und mit rasendem Herzklopfen an, sprang ins Auto, holte Achim ab und so fuhren wir schweigend ins Krankenhaus. Dort angekommen wurden wir von der netten Stationsschwester mit ernster Miene empfangen.

„Er hat es vor zehn Minuten überstanden. Mein herzliches Beileid", sagte sie und zeigte auf die offenstehende Tür zu Vaters Zimmer. Mittlerweile war auch Brigitte, die Hauspflegekraft, die ich von unterwegs aus angerufen hatte, eingetroffen. Wir drei betraten gemeinsam den Raum – und da lag er. Ruhig und in Stille gehüllt, ein Lächeln im Gesicht, das uns sagte, dass er Erlösung gefunden hatte. Wir alle weinten und hielten die noch warmen Hände unseres Vaters. „Ein so schöner Kopf", sagte Brigitte. „Er war so ein eindrucks-voller, guter Mensch, euer Vater."

Nur unser Stiefbruder Hans kam erst zur Be-erdigung. Leider stand er uns nicht eine Sekunde in den letzten Monaten bei. Ich dachte, er hätte sicher einen Grund für sein Verhalten. Etwas, von dem wir nichts wussten. Und ich akzeptierte es so, wie es war.

Das Verrückte war, dass Hans zwei Jahre danach an derselben Krankheit, wie Vater sie hatte, sterben sollte. Aber das wussten wir zu diesem Zeitpunkt natürlich noch nicht.

***

Fazit: Ein furchtbarer Gang, den wir alle, der eine früher, der andere später, gehen müssen. Es ist schwer, aber irgendwann befreiend. Dennoch verlangt es dir alles ab.

30 Ein Schlag auf den Kopf

Ich kaufte dann kurz vor Abschluss unserer Weiterbildung zum Management-Coach noch eine schöne Villa mit vier vermieteten Wohnungen in Berlin-Köpenick; damit verabschiedeten wir uns aus der Hauptstadt.

In unserem neuen Domizil in Düsseldorf direkt am Rhein fühlten Ben und ich uns total wohl. Und Benno bekam endlich die Aufmerksamkeit, die er brauchte, und alles sollte für eine Weile harmonisch sein.

Ich begann, hier und da Coaching-Aufträge anzunehmen und mich in diesem für mich neuen Geschäftsfeld zu profilieren. Ein bisschen stressig wars schon, aber auch absolut interessant. Dennoch spürte ich, dass es nicht das war, was ich wollte. Ich übte das Neue auch nur sporadisch und gegen gutes Honorar aus.

Dann kam die große Wende: Es war nach einem wunderschönen Urlaubstrip mit Ben und Benno nach Italien, bei dem wir uns entschieden hatten, zu heiraten. Auf dem Weg nach Kassel legte ich bei meinem Stiefbruder Hans einen kurzen Zwischenstopp ein und klingelte unangemeldet. Ich wusste bereits von seiner Krebserkrankung, doch an diesem Tag sollte alles anders kommen.

Gabi, meine Schwägerin, machte mir die Tür auf und begrüßte mich mit dem Satz: „Schön, dass du gekommen bist. Hans sitzt hinten auf der Terrasse. Geh schon mal vor. Eine Pflegekraft ist bei ihm."

Ich dachte: „Eine Pflegekraft? Was macht die denn am frühen Morgen schon hier?" Und als ich auf der Terrasse ankam, sah ich ein Häuflein Mensch auf einem Campingstuhl sitzen, in kurzen Hosen und mit ausgeschnittenem T-Shirt, mit dünnen Ärmchen und Beinchen, die aus den zu groß geratenen Klamotten herausguckten. Der Mensch Hans schien nur noch aus einem großen dünnen Kopf zu bestehen.

„Ah, da ist er ja", war seine Begrüßung. Und dann redete er unentwegt mit seiner Pflegekraft über irgendwelche Tablettendosierungen und Schmerzzustände und so weiter. Ich war sichtlich geschockt und ergriffen zugleich. Ich starrte dieses, meinem früheren Stiefbruder ähnlich sehende, dünne Etwas an und wollte nur noch weg.

Wir unterhielten uns dann noch zehn Minuten über belanglosen Kram, bevor ich die Weiterreise nach Kassel antrat. Ich wusste beim Abschied, dass ich ihn nicht mehr wiedersehen würde. Und so kam es dann auch. Es war mir wichtig, meinen Eindruck mit meinem Bruder Achim zu teilen, und ich schickte ihm eine entsprechend formulierte WhatsApp-Nachricht mit einem heimlich auf der Terrasse aufgenommenen Foto unseres Stiefbruders.

Am Abend dieses Tages bekam ich meinen bisher härtesten Hörsturz, der mir dann auch noch das Hörvermögen nahm.

***

Fazit: Wenn das Fass voll ist, genügt der berühmte letzte Tropfen, um es zum Überlaufen zu bringen.

31 Volle Breitseite

Als ich wieder zurück nach Düsseldorf zu Ben kam, war klar, dass uns eine harte Zeit bevorstand. Denn dieser Hörsturz war extrem. Komplett anders als die, die ich Jahre zuvor stets mit viel Ruhe, Meditation und Entspannungsübungen in den Griff bekam. Dieser aber sollte mich lehren, zuzuhören, wenn der Körper sagt: „Bis hierhin. Und keinen Schritt weiter!!!"

Ich suchte in Düsseldorf sofort meine HNO-Ärztin auf und wurde auf Kortison gesetzt, doch nichts, aber auch gar nichts wurde besser. Das Zischen und Dröhnen in meinem Kopf wurde greller und heftiger und als ich dann nach Kassel zu meinem eigentlichen

Arzt des Vertrauens ging, war klar: Ab ins Krankenhaus!

Es war ein Hörsturz mit gravierenden Schäden im
Innenohr, sodass ich kaum noch etwas hören, ge-
schweige denn verstehen konnte, was um mich herum
vor sich ging. Das ständige Gefühl, unter Wasser zu
sein, alles nur dumpf zu hören und die damit einher-
gehende Angst, es könnte so bleiben, waren die Hölle.

Dann beging ich einen weiteren großen Fehler:
Meine Cousinen aus Amerika waren in Düsseldorf
angekommen und Ben übernahm die Reiseleitung, um
den vier Damen aus Kansas City unsere Heimat zu
zeigen. Daran an schloss sich ein Flug nach Mallorca in
ein Wellnesshotel und ich flog – trotz meines katastro-
phalen Gesundheitszustandes – mit.

Dort versuchte ich mitzuhalten, doch das Dröhnen
in meinem Kopf wurde unerträglich und ich verkroch
mich in unserem Hotelzimmer und heulte und
jammerte und dachte, mein Leben nähme nun ein jähes
Ende.

Als wir nach einer Woche zurück in Deutschland
waren, suchte ich sogleich meinen Psychiater auf, der
mich kurzerhand wiederum in eine private psychosomatische Klinik einwies.

Ich kannte diese Klinik bereits durch meine vor-
herigen Hörstürze. Ziel war es, mich ruhig zu stellen,

zur Ruhe zu bringen, abzuschotten von Stressfaktoren, und natürlich auch die Behandlung durch den verantwortlichen HNO-Arzt, der dann im Laufe der Behandlung zu meinem ständigen Vertrauten wurde.

Ich freundete mich hier und da mit einigen Mitpatienten an, doch die meisten waren aufgrund der Diagnose Burnout da, keiner hatte ähnliche akustische Probleme wie ich. Ich litt wie ein Tier, konnte nicht richtig hören, war mal über Wasser, mal wieder für Tage unter Wasser und bekam vom Doc Procain gespritzt, damit der dumpfe Druck aus meinem Kopf verschwand.

Nichts half richtig und ein liebgewonnener Mitpatient, der selbst auf einer Seite taub war, empfahl mir, mich an die HNO-Uniklinik in Hannover zu wenden. Das sagte ich dann meinem HNO-Arzt und er schickte mich anstelle dessen in eine 30 Kilometer entfernte Spezialklinik, zu einem befreundeten Professor, der mich in der vierten Woche meines Klinikaufenthaltes ausgiebig untersuchte.

„Nun, Herr Meinhardt," begann der Professor, nachdem er seine Diagnose abgeschlossen hatte, „Sie sind extrem hörgeschädigt und benötigen schnellstens ein Hörgerät, damit Ihre Ohren Unterstützung bekommen. Das ist der Grund, warum sich ihre Ohren immer wieder verabschieden und Sie untertauchen. Das ist zu viel Stress für das Gehirn und zu viel an Zumutung für Ihre Ohren. Und ich empfehle, dass Ihr HNO-Arzt eine Injektionstherapie beginnt, dabei wird Kortison direkt in die Ohren gespritzt und das bis zu zehn Mal wiederholt."

Schließlich folgte mein Kasseler HNO-Arzt genau dieser Empfehlung, mehr oder weniger aufgrund meines eigenen Drängens, dies zu tun. Bereits nach der zweiten Spritze konnte ich schon wieder etwas besser hören. Ich hatte mittlerweile Hörgeräte im Test und begann so, meiner Umwelt wieder akustisch zu folgen. Und dann, nach der fünften Injektion, erfolgte ein Hörtest und der Hörgeräteakustiker war total baff, denn er maß eine Verbesserung des Hörvermögens um 20 dB. Nach der achten Spritze war ich fast soweit, dass ich rechtsseitig keine Hörhilfe mehr benötigte. Parallel dazu besorgte ich mir über meine Düsseldorfer HNO-Ärztin einen sogenannten Neurostimmulator, ein Gerät, das eine Tonkette simuliert, in der auch der eigene Tinnitus-Ton enthalten ist.

Beim Tragen des Gerätes von sechs Stunden pro Tag soll der eigene Tinnitus-Ton ausgeschaltet werden, man versucht also, das eigene Gehirn auszutricksen. Ich bekam wieder Hoffnung und unternahm alles, um das Ergebnis zu stabilisieren. Meinen HNO-Arzt nötigte ich, noch zwei weitere Injektionen in die Ohren zu spritzen, ab da ging es darum, zu sehen, ob das erzielte Ergebnis nachhaltig stabilisiert werden konnte. Ob die wiedererlangte Hörstärke also auch ohne Kortisongabe gehalten werden konnte. Nach sieben Wochen wurde ich aus der Klinik entlassen, wesentlich ruhiger und mit meinem neuen Equipment auch gut ausgerüstet, um zu Hause weitermachen zu können.

Ich wollte auch mit meinem Bruder Klarheit schaffen, der nicht mit dem Trinken aufhören konnte, um seine Depressionen zu betäuben. So sagte ich ihm also, dass ich ihn als Bruder lieben würde, aber Angst um ihn hätte. Und dass ich deshalb nicht weiter bei seiner Stück-für-Stück-Selbstmordaktion zusehen würde und ihn nicht mehr besuchen käme. Für mich war das ein wichtiger Schritt des Selbstschutzes, und um diesen Stressfaktor loszuwerden.

Dann, bei Ben zu Hause angekommen, versuchte ich, schrittweise zurück ins Leben zu gelangen. Übrigens: Ich nahm mir während des Klinikaufenthaltes drei Tage frei, fuhr nach Düsseldorf und heiratete nach 28 Jahren meinen lieben Ben. Es war Zeit, dies zu tun, und mein Vater wollte es eigentlich auch immer miterleben, aber ich traute mich bis dahin nicht. Auch darum wollte ich seinem Wunsch jetzt, anderthalb Jahre nach seinem unfreiwilligen Tod durch einen blöden Sturz, nachkommen.

Ben verschaffte mir ein schönes und gemütliches Zuhause. Es war mittlerweile Adventszeit und wir gingen auf den Weihnachtsmarkt, Essen oder besuchten Freunde. Ich merkte recht bald, dass mir das alles dennoch zu viel wurde. Alles war begleitet von der Angst, dass ich mein Hörvermögen wieder verlieren könnte.

Schnell war dann auch Bens Geduld am Ende und wir schrien uns an, stritten uns und ich musste von dort weg; mich vor lautem Gebrüll schützen. Ich hatte Heimweh nach der Klinik, die für mich zu einer Art Burg geworden war. Ein Schutzwall gegen die laut tönende, stets fordernde Außenwelt. Ich fuhr also in unser leerstehendes Haus nach Kassel und versuchte, dort abzuschalten.

Dort wurde mir klar, dass in den letzten gemeinsamen 28 Jahren mit Ben viele Streitkonflikte ausgetragen wurden, die sicher auch zu meinem damaligen Zustand führten. Aber ich liebte diesen Mann und wollte versuchen, einen Weg zu finden, um unsere Unterschiedlichkeit doch irgendwo in Harmonie enden zu lassen.

***

Fazit: Selbstschutz ist wichtig! Höre auf deine innere Stimme.

32 Franz wird mir wichtig

Mein Vater verließ uns, verließ mich, nachdem er seinen härtesten Kampf verloren hatte. Es war aber auch eine Erleichterung für alle anderen, nicht nur für ihn selbst. Auch für uns, vor allem meinem Bruder und mich, die wir ihn seit fast drei Monaten auf diesem Weg begleitet hatten. Jeden Tag. Es war nervenzerrend und ich fühlte mich müde und kraftlos, wie eine leere Batterie.

In unserem Kasseler Haus verbrachte ich diese drei Monate zumeist allein. Bis auf Franz. Franz, das war der großgewachsene, rustikale Endsiebziger, der sich stets verantwortungsvoll um unser Anwesen kümmerte. Der den Garten in Schuss hielt, sich um den Swimmingpool kümmerte, die Post ordentlich sortierte, wenn ich längere Zeit nicht im Haus war. Er war unsere gute Seele in der alten Heimat. Er war ein Segen für uns und er war eigentlich immer da, wenn ich abends aus dem Krankenhaus kam, abgespannt und traurig.

Dann stand er in der Tür und ich konnte mich bei ihm ausquatschen. Er saß nur da und hörte zu und sagte stets: „Michel, du kannst dich auf mich verlassen. Mach dir keine Sorgen …"

Jetzt, wo dieser Albtraum des Sterbeprozesses meines Dads beendet war und ich mehr Zeit im Haus verbringen konnte, kam er täglich rüber und versuchte, mich abzulenken und aufzuheitern. Wir fuhren mit dem Oldtimer durch die Gegend. Er war ein Oldifan, hatte er doch selbst einen alten Trecker in tadellosem Zustand in der Garage. Und wir hatten Spaß daran. Dann gings hoch zum Bergcafé, wo wir im Frühling bei den ersten wärmenden Sonnenstrahlen draußen auf der Terrasse Schnitzel mit Pommes genossen. Dazu ein kühles Blondes und ich merkte, wie sehr ich die Gesellschaft dieses alten Haudegens schätzte, nachdem Vater nicht mehr bei mir war.

Franz hatte aber auch selbst seinen Spaß an unseren Treffen und er erzählte mir eines Tages von seiner inneren Trauer, gegen die er jeden Tag aufs Neue ankämpfte. Er hatte einige Jahre zuvor seine Tochter verloren, die an Krebs gestorben war. Und so entdeckten wir, dass wir diese Gemeinsamkeit auch gemeinsam besser meistern konnten.

Jedes Mal, wenn ich von unserem Zweitwohnsitz in Düsseldorf, wir wohnten dort bereits seit zehn Jahren, zurück nach Kassel kam, fuhr ich nicht direkt zu meinem Haus, sondern erst zum Haus von Franz und Gerda. Sie wohnten nicht weit entfernt von mir und ehrlich gesagt versuchte ich immer, so um 18 Uhr bei den beiden anzukommen. Denn ich wusste, dann saßen Sie am Esszimmertisch und aßen *Ahle Wurscht* und andere heimische Leckereien, die Gerda immer auftischte. Das war nicht nur ein Gaumengenuss, sondern der Geschmack bedeutete für mich Heimat. Ich fühlte mich wieder Zuhause und angekommen. Dieses Gefühl hatte ich sonst immer nur bei meinem Vater, wenn ich ihn an den Wochenenden besuchte. Gleiches Essen, gleicher Geschmack, vertraute Gespräche und Geborgenheit.

Und das Beste war, wenn Franz in seine Wurscht biss und lautstark meinte: „Hmmm, das schmecket wie sau." Und wenn er dann noch sagte: „Nimm noch 'ne Schnitte Brot, mein Junge", dann war es wie bei meinem Vater. UND DAS TAT MIR SO GUT.

Hin und wieder lud ich die beiden, also Franz mit seiner Gerda, in unsere kleine Dorfpizzeria ein und wir hatten Spaß bei gutem Essen. Dann erzählten wir uns die Neuigkeiten der letzten Wochen und sie waren ebenso interessiert zu hören, was es da so in Düsseldorf alles Neues gab. Es waren Abende, die ich einfach nur genoss.

Eines Tages, es war ein Sommernachmittag, kam ich wie üblich am Haus in Kassel an und bemerkte, dass der Rasen nicht richtig gemäht war. Und auch irgendwie alles anders war, zumindest spürte ich, dass etwas nicht stimmte. Ich wollte wie immer am Abend bei Franz vorbeizuschauen, zog mir dennoch zuerst meine

Gummistiefel an und holte den Rasenmäher aus dem Schuppen. Vielleicht war Franz irgendetwas dazwischengekommen und er konnte nicht mähen.

„Auch nicht schlimm", dachte ich und übernahm selbstverständlich den Job.

Ab und zu schaute ich nach oben in Richtung Eingangstor in der Hoffnung, dass er dennoch gleich käme, aber es tat sich nichts.

Schließlich wurde ich fertig und stellte den Motor des Mähers ab.

In diesem Moment hörte ich meinen Nachbarn rufen: „Hi Michel, wie geht es deinem Rentner?"

„Was meinst du damit", entgegnete ich erstaunt und mit fragendem Blick.

„Na, der ist doch gestern beim Rasenmähen gestürzt. Ich habe seine Hilferufe irgendwann gehört und sofort den Krankenwagen gerufen. Ich glaube, sein Fuß ist gebrochen."

Ich war geschockt. Keiner hatte mich informiert. Aber auch das passte zu meinem Franz. Er machte nie eine große Sache aus allem.

Sofort setzte ich mich in mein Auto und fuhr rüber zu Gerda. Die war Gott sei Dank auch zu Hause und erzählte mir, dass Franz beim Mähen am Hang ausgerutscht sei und sich dabei das Fußgelenk gebrochen habe.

„Er liegt im Roten Kreuz Krankenhaus", sagte sie. „Er wurde noch gestern Nachmittag operiert. Es geht ihm gut. Mach dir keine Sorgen, Michel", sagte sie, als würden wir über die normalste Sache der Welt reden.

Mein Franz war verletzt und ich war enttäuscht darüber, nicht angerufen worden zu sein. Also machte ich mich direkt auf den Weg zu ihm ins Krankenhaus.

Als ich in sein Zimmer kam, sah ich sein Bein eingewickelt auf der Bettdecke liegen und Franz schaute rüber und meinte nur: „Das war ja'n Ding, Michel. Erst lieg ich da 'ne halbe Stunde in deinem Garten, nachdem ich aufs Maul gefallen bin. Und dann schleppen die mich hier ins Krankenhaus und operieren meinen Fuß. Was für ein Theater."

„Mensch Franz, was machst du denn nur für Sachen. Warum hast du mich denn nicht gleich angerufen. Ich wäre doch sofort hergekommen".

„Ach, die machen viel zu viel Bohei daraus. Und mach dir keine Sorgen wegen der Versicherung. Alles geregelt." Der Franz dachte einfach an alles. An Dinge, die ich in diesem Moment nicht mal ansatzweise im Kopf gehabt hätte. Aber für ihn war es wichtig, dass alles seine Ordnung hatte. So besuchte ich ihn täglich, wir redeten über Gott und die Welt und irgendwann bekam er Heimweh und wollte nur noch nach Hause.

In den letzten zwei Jahren nach Vaters Tod wurde Franz zu meiner Vertrauensperson, für die ich Vatergefühle hegte. Wenn ich also nicht in Kassel war, so rief ich doch stets bei ihm an und erkundigte mich, wie es ihm ging. Er hatte immer Rückenschmerzen und bekam sogar eine Schmerztherapie.

Aber als ich ihm vorschlug aufzuhören, mit dem Trecker Holz zu sägen oder mit der Gartenarbeit, sagte er nur: „Weißt du, Michel, immer wenn ich in Bewegung bin, dann spür ich keinen Schmerz." Und so machte er unverändert weiter und ich mir meine Sorgen um ihn.

Dann, eines Tages, bekam ich die Nachricht, dass er wieder im Krankenhaus liege. Wegen einer Entzündung. Natürlich eilte ich sofort zu ihm und sprach mit

Gerda und auch seiner Tochter. Wir machten uns große Sorgen um Franz. Als ich ihn dann im Krankenhaus besuchte, sah ich Franz das erste Mal in meinem Leben weinen. Er saß auf seinem Krankenbett und weinte. Er wollte nach Hause und hatte Angst. Und er sollte schließlich recht behalten mit seiner Angst. Denn nach Hause kam er nicht mehr. – Ich verlor meinen *Vater*, ein zweites Mal.

Für immer werde ich Franz in meinem Herzen behalten. Genauso wie meinen Vater und meine Mutter.

***

Fazit: Es gehen immer neue Türen auf, die dir Liebe und Trost bringen. Aber merke: Nichts, und schon gar nicht wir Menschen, sind für immer da. Darum öffne dein Herz und trage deine Liebsten stets bei dir.

33 Ändere dein Leben in Liebe und Entspanntheit, wenn du es kannst!

Ich bin heute dabei, meinen Tag etwas ruhiger angehen zu lassen. Und den Menschen um mich herum mit einem Lächeln zu begegnen. Und wenn ich spüre, dass mir jemand nicht guttut, gehe ich ihm aus dem Weg.

Wir haben Pläne: Ben und ich. Da Ben viel jünger ist als ich, hat er naturgemäß eine andere Dynamik, ein anderes Tempo. Ich habe mit ihm vereinbart, dass ich ihn nicht bremsen will, er mir aber meine Bedächtigkeit und Entspanntheit gönnen muss.

Wir versuchen, so zu leben. Wir sind gerade dabei, nach Amerika zu gehen. Ben möchte dort leben und arbeiten. Da wir seit mehr als 25 Jahren regelmäßig in Amerika sind und unsere Familie dort besuchen und Ben zudem eine Greencard besitzt, ist dieser Gedanke eine Art Konsequenz dessen, was wir vorher getan haben. Ich liebe dieses Land und freue mich auf das Abenteuer. Und so ein gemeinsames Abenteuer bringt auch eine altgewordene Liebe wieder auf Touren.

Die Ohren zischen und sausen noch; ich merke aber, dass ich es aushalten kann, und habe eine eigene Strategie entwickelt, damit umzugehen und zu leben. Wichtig dabei ist: Unterstützung zu finden bei der Familie und Freunden. Nicht allein zu sein damit. Und sich auch mal anlehnen zu können. Für sich sorgen zu lassen und für sich selbst zu sorgen, in einer Weise, die einem guttut. Das tue ich jetzt. Und es tut gut!

***

Fazit: Bleib dir selbst treu!

Nachwort

Dieses Leben ist in einzelnen Kapiteln anhand der gravierenden Lebensumstände und gemachten Erfahrungen dargestellt worden. Lebenskapitel, die kurz, aber dennoch nachvollziehbar erkennen lassen, was es braucht, um irgendwann an Lebenskreuzungen zu kommen, die einem eine deutliche Reaktion abverlangen. Durch die gemachten Kindheits- und Jugenderfahrungen, die Anstrengung, sich orientieren zu müssen, die darauf folgenden 40 Jahre, die Unsicherheiten, die vieles wiederum in Frage stellten, das Outing, die Angst vor den Eltern und der gesellschaftlichen Umgebung, die Beziehungsprobleme und Fehlschläge, die das Leben ebenso ausmachen, sind die Hörstürze und Burnouts bei mir in regelmäßigen Abständen von sechs bis sieben Jahren aufgetreten.

Und jetzt, nachdem ich meinen 63. Geburtstag gefeiert habe, habe ich zwar einen Tinnitus im Ohr und höre schlecht, bin aber dennoch glücklich.

Denn ohne all das, all die Signale, das Stopp-Sagen des Körpers zum bisherigen Leben, wäre ich nie darauf gekommen, mein Leben entsprechend aufzuarbeiten, hätte womöglich nicht meinen Frieden gemacht mit all den Umständen oder den Menschen, die mich nicht gerade mit Samthandschuhen angefasst hatten. Und damit nicht den Kopf freibekommen für einen Neu-anfang.

Mit einem Partner, der zu mir steht und den ich jetzt mit anderen Augen betrachte, der mich so nimmt, wie ich bin, mit all meinen Handicaps, und dem ich nun ebenfalls mehr Freiraum zugestehe. Gegenseitiger Respekt, Anerkennung und Liebe sind die Grund-pfeiler geworden in meinem, in unserem Leben.

Damit wird es jeden Tag ein bisschen leiser in meinem Kopf und das Zischen wird eines Tages ganz verschwunden sein. Da bin ich mir ganz, ganz sicher.

Bildnachweis

Cover	*Michel Meinhardt*
Seite 1	*Michel Meinhardt*
Seite 20	©iStockphoto.com/CSA-Archive
Seite 26	©iStockphoto.com/Galina_Cherryka
Seite 32	©iStockphoto.com/CSA-Archive
Seite 37	©iStockphoto.com/gordanas
Seite 41	©iStockphoto.com/filo
Seite 44	©iStockphoto.com/pikepicture
Seite 65	©iStockphoto.com/Pimpay
Seite 71	©iStockphoto.com/maralvar
Seite 74	©iStockphoto.com/dedMazay
Seite 82	©iStockphoto.com/Photopiotnikov
Seite 88	©iStockphoto.com/chipstudio
Seite 94	©iStockphoto.com/bortonia
Seite 117	©iStockphoto.com/pionier2_001
Seite 126	©iStockphoto.com/Leontura
Seite 138	©iStockphoto.com/jossdim
Seite 144	©iStockphoto.com/kbeis
Seite 147	©iStockphoto.com/Aerotoons
Seite 169	©iStockphoto.com/Lamatas
Seite 181	©iStockphoto.com/Seetwo
Seite 189	©iStockphoto.com/kariiika
Seite 198	©iStockphoto.com/adekvat
Seite 202	©iStockphoto.com/MrsWilkins

.